실버통합놀이

하마터면
독립출판
협동조합

ⓒ 2024
스마일엔터테인먼트
하마터면독립출판협동조합
이 책의 판권은 스마일엔터테인먼트와 하마터면독립출판협동조합에
있습니다.
이 책 내용의 전부 또는 일부를 재사용하려면 반드시 양측의 서면 동의를
받아야 합니다.

김지혜 지음

실버통합놀이

펴낸날	초판1쇄 2024년 3월 7일
글	김지혜
기획	스마일엔터테인먼트
감수	김경아
구성	박윤자
촬영	정윤식
펴낸이	김수연
편집	조윤희
디자인	둘레

ⓒ 하마터면 독립출판협동조합 2024
이 책은 저작권법에 따라 보호받는 저작물입니다. 이 책 내용의 전부 또는
일부를 이용하려면 반드시 저작권자와 출판사 양쪽의 허락을 받아야 합니다.

하마터면독립출판협동조합

주소 | 부산광역시 부산진구 동성로 96번길 59 102호 | **등록** 2020년 9월 1일 제 3292020-000018호
전화 | 070-8869-9686 | **팩스** 0504-290-4698 | **전자우편** hamabooks2021@naver.com
홈페이지 | www.hamabooks.co.kr | **블로그** | https://blog.naver.com/hamabooks2021
인스타그램 | https://www.instagram.com/hamabooks2021/

PROLOGUE

강사가 행복해야 대상자가 행복하다

프리랜서 강사들은 사막에서 오아시스를 찾는 심정으로 교육 자료를 연구 개발하고 있다. 교육기관에서 자격증을 취득하고 추가 교육도 받지만, 현장에서의 로드맵이 명확하게 제시되는 것은 아니다. 나의 시작도 크게 다르지 않았다. 웃음, 레크레이션, 실버 체조 등의 자격증을 취득했지만, 교육현장으로 진입하는 길은 너무 막연했다. 자격증만 취득하면 끝인 줄 알았지만, 수업에서 필요한 것은 무엇이며, 주의해야 할 것들은 무엇인지, 끝도 없이 생겨나는 궁금증은 도무지 채워지지 않았다. 수업을 주도적으로 이끌어 갈 수 있는 실무적인 정보는 직접 현장에서 부딪혀 보지 않으면 얻을 수 없었다. 오랫동안 연구되어 온 유·아동 관련 분야의 교수법은 다양한 매체를 통해 쉽게 찾을 수 있지만 비교적 최근에 대두되기 시작한 노인교육 분야는 수업 설계의 실제를 만족스럽게 다루는 교재를 찾기가 어려웠다. 그래서 인터넷이나 유튜브 등의 오픈 매체나 전문서적을 공부하며 현장에서 필요한 정보들을 하나하나 수집하며 매뉴얼을 만들었다. 이 과정은 자격증을 통해 얻게 된 이론적 지식을 노인교육현장의 실무 강사로서 전문성과 경쟁력을 높이는 기회가 되어 주었다. 뿐만 아니라 현장의 동료들에게 부족하게나마 도움이 되고 싶은 마음에 **[공부하는 김강사]**라는 유튜브 채널 개설하여 교육현장의 경험도 함께 공유하였다.

적지 않은 시간 동안 현장 강의와 강사교육원을 운영하며 느낀 것은 놀이와 여가문화가 끊임없이 변화하고 있다는 것이었다. 매체가 발달함에 따라 놀이와 여가도 전문적인 접근이 필요하다는 것이다. 특히 인구 고령화에 맞물려 노인 인구의 증가와 노인 교육의 수요도 폭발적으로 늘어 났고, 노인교육에 대한 인식과 양질의 프로그램에 대한 욕구도 함께 높아지고 있다.

노인 놀이는 여가시간을 채워주는 단순한 활동을 넘어, 그들이 경험하지 못한 다양한 활동을 프로그램으로 정립하여, 몸을 건강하게 하는 신체 운동, 치매 예방을 위한 뇌 운동, 우울 예방을 위한 마음 운동이라는 세분화된 활동으로 즐겁고 활기찬 노년기를 맞이하게 하는 것이 그 목적이다.

또한 이 책에서는 현장의 강사진들이 보다 역동적인 프로그램을 운영할 수 있는 실무적 비법도 함께 수록해 놓았다. 아동, 장애인, 성인, 노인 등 다양한 대상의 놀이교육을 진행하며 터득한 개인적 경험과 노하우로 얻게 된 강사로서의 마음가짐이나 현장에서 필요한 행정적인 절차는 물론, 놀이의 긍정적 효과와 창작 놀이를 통한 대상자들에 대한 접근방법, 프로그램 진행방법, 프로그램 확장방법, 도구제작 방법 등 수업 진행에 꼭 필요한 내용을 순차적으로 정리하였다.

1부에서는 놀이를 진행하는 강사들이라면 필수적으로 알아야 하는 놀이의 이론적 기초를 다루었다. 2부에서는 노인 놀이강사를 준비하는 예비강사들을 위해 노인놀이지도이론, 프로그램 준비, 프로그램 구성방법과 놀이의 종류로 구성하였다. 노인 강사를 준비하는 분들이라면 노인의 특성을 반드시 숙지해야 한다. 초보 강사들은 노인의 특성을 이해하지 못해 크고 작은 상처를 받기도 한다. 노인들 또한 강사의 태도에 상처를 받기도 하는데, 노인교육지도자로서 노인을 대하는 지도자들이 갖추어야 할 내적 조건과 의사소통에 관한 이론을 수록하였으니 출강 전 꼼꼼히 챙겨보길 바란다. 3부에서는 통합

놀이의 실제로, 각 놀이에 대한 저자의 활동방법과 마인드, 교구제작, 확장방법 등을 분야별로 나누어 구성하였다. 기존 도구 놀이에 대한 다양한 접근법을 정리해 놓았으니, 그것을 기초로 강사님들은 창의력을 마음껏 발휘하여 더욱 풍성한 프로그램을 완성해 보시길 바란다. 부록으로 수업에 꼭 필요한 손유희를 파트별로 나누어 실어놓았다. 특별한 멘트를 준비하지 않아도 손유희를 풀어내는 과정만으로도 충분한 소통과 진행이 가능하니 프로그램에 적절하게 구성하여 사용하길 바란다.

노인수업을 진행하면서 강사님들이 가장 많이 하는 실수는 그들에게 무엇인가를 가르치려 하는 권위적인 태도이다. 아이들은 그 어떤 경험도 해보지 않은 채로 태어났기 때문에 성장의 과정이 교육과 배움으로 점철되어 있다. 그러나 노인들은 교육의 수준과는 별개로 삶을 통해 우리보다 훨씬 더 많은 경험을 축적한 분들이다. 우리가 알지 못하는 삶의 연륜과 지혜는 그들을 따라갈 수가 없을 것이다. 무엇을 습득하게 하기보다는 놀이 활동을 통하여 그들의 잔존능력을 드러내어 즐기게 하는 것이 노인교육의 진정한 핵심이 아닐까 생각한다.

어떤 강사가 강의를 잘하는 강사냐는 질문을 많이 받는다. 나는 그 질문에 '대상자가 기다리는 강사'라고 답을 한다. 그럼 대상자는 어떤 강사들을 기다릴까? 강의력이 뛰어난 강사? 화려한 도구를 가져오는 강사? 선물하는 강사? 아니다. 자신에게 관심을 가지고 배려해 주는 강사들을 진심으로 좋아해 준다. 강의를 조금 못하거나, 실수하거나, 전문적이지 않더라도 어르신을 섬기는 마음으로 진심을 다하면, 인기 있는 강사가 될 수 있다. 처음 시작하는 강사님들도 이 점만 명심한다면 주눅 들지 않고 마음껏 자신의 끼를 펼칠 수 있을 것이다. 그것과 더불어 지속적인 공부 역시 중요하다.

노인놀이 강사는 민간자격증만 취득하면 바로 시작할 수 있을 만큼 진입장

벽이 낮다. 하지만 공부하지 않고 자신의 교육철학이 없는 콘텐츠로 형식적인 강의만 한다면 현장에서는 금방 도태되어 버릴 것이다. 누구나 쉽게 시작할 수 있다고 해서 아무나 할 수 없는 분야라고 생각해서는 안 된다.

놀이는 구전되어 내려왔다. 이렇듯 세상에 없던 것들이 하루아침에 만들어지지는 않는다. 놀이에서 적절하지 못한 것들은 제거하고, 그 시대에 필요한 것들은 추가되어, 또 하나의 놀이가 만들어지는 것이다. 그 놀이로 그 시대의 사람들에게 즐거움과 행복을 주는 것이 놀이강사로서 우리들이 가져야 할 책무이다. 좋은 놀이 문화를 정착하는 것은 미래 세대를 위한 선물이며, 곧 다가올 우리의 노년을 윤택하게 하는 긍정적인 방법일 것이다.

이 책은 강의하는 것은 행복한데 강의 준비가 힘들다는 현장의 요구에서부터 시작되었다. 강사님들의 강의 준비에 도움을 드리고자 열심히 만들었으나 한 권에 모두 담기는 역부족이었다. 앞으로도 현장에서 일하는 분들의 의견을 반영하여 지속적으로 연구개발하며, 좋은 교재를 만들도록 할 것이다.

"강사가 행복해야 대상자가 행복하다"

행복하게 대상자가 행복한 강의하기 위하여 노력하는 모든 강사님들을 격하게 응원한다.

2024년 2월
공부하는 김강사 김지혜 드림

차례

프롤로그
강사가 행복해야 대상자가 행복합니다 · 005

1장 놀이의 개념　012

   1. 놀이의 개념　· 014
   2. 놀이 이론　· 022
   3. 놀이치료 이론　· 030
   4. 노인놀이지도 이론　· 036

2장 프로그램 진행 실제　052

   1. 프로그램 준비　· 054
   2. 프로그램 구성　· 066
   3. 놀이의 종류　· 077

3장 통합놀이실제　　**080**

1. 도구놀이　　　　　　　　　　· 082
　01. 마라카스　　　　　　　　　· 083
　02. 탁구공 놀이　　　　　　　· 091
　03. 접시 놀이　　　　　　　　· 100
　04. 집게 놀이　　　　　　　　· 107
　05. 풍선 놀이　　　　　　　　· 112
　06. 저글링 스카프 놀이　　　· 119
　07. 개구리 놀이　　　　　　　· 126
　08. 주사위 놀이　　　　　　　· 130
　09. 복조리 놀이　　　　　　　· 133
　10. 짚신 놀이　　　　　　　　· 136
　11. 연탄 놀이　　　　　　　　· 139
　12. 휴지 운동회 놀이　　　　· 142
　13. 젓가락 놀이　　　　　　　· 145
　14. 노끈 놀이　　　　　　　　· 149
　15. 미니 의자 놀이　　　　　· 152

2. 인지 놀이 - 치매 예방 놀이　· 155
　01. 신문지 놀이　　　　　　　· 156
　02. 마시멜로 성 쌓기 놀이　· 160
　03. 낱말 속담 맞추기 놀이　· 161
　04. 신호등 놀이　　　　　　　· 162
　05. 실버빙고놀이　　　　　　· 163

3. 뉴 스포츠형 놀이 · 164
- 01. 컵 놀이 · 165
- 02. 토스볼 놀이 · 170
- 03. 볼로볼 놀이 · 174
- 04. 플라잉 원반 놀이 · 176
- 05. 오고 디스크 놀이 · 180
- 06. EVA 원형 칩 놀이 · 183
- 07. 플레이 스쿠프 놀이 · 186

4. 창작놀이 · 190
- 01. 원목 자치기 놀이 · 191
- 02. 써클볼 놀이 · 192
- 03. 소쿠리 블랙홀 놀이 · 193
- 04. 아이스크림 놀이 · 195
- 05. 파리채 놀이 · 197
- 06. 뒤집기 놀이 · 199
- 07. 사랑의 전구 놀이 · 201
- 08. 병뚜껑 하드 스틱 놀이 · 203
- 09. 너트놀이 · 204
- 10. 색 팔레트 놀이 · 205
- 11. 뚫어뻥(호떡) 놀이 · 207
- 12. 원목 빙고 놀이 · 208

4장 손유희 210

1. 손유희 종류별 목록 · 212
2. 손유희 종류별 실제 · 215

놀이의 개념
Definition Of Play

1. 놀이의 개념
2. 놀이 이론
3. 놀이 치료 이론
4. 노인의 놀이 치료 이론

제1장
놀이의 개념
Definition Of Play

인간의 삶의 과정에서 '놀이'는 원초적 단계로 유아가 일상에서 하는 '자연적인' 활동이다. 유아기부터 자연스럽게 접하게 되는 놀이는 아동에게는 생활 그 자체이며 성장의 본질이다. 아동은 놀이를 통해 신체적, 인지적, 정서적, 사회적 기능들을 발달시키고 다른 사람들과 어울려 살아가는 방법을 자연스럽게 배우게 된다. 인간의 전 생애에 있어 놀이가 존재하지 않는 시기는 없으나 유아기는 특히나 더 놀이와 밀접한 시기이다. UN이 아동권리협약(Convention on the Rights of the Child) 제31조에 "모든 어린이가 충분히 쉬고 놀 권리가 있다." 라고 명시하여 놀이를 유아의 권리로 인정한 것은 놀이가 유아에게 얼마나 중요한 것인가를 보여주고 있다.

놀이(Play)라는 단어는 주로 즐거움, 재미, 신체적 활동성과 관련이 깊다. 단지 어린아이들의 몫이며 성인이 행한다고 할지라도 단순한 재미와 즐거움만을 즐길 뿐, 경제구조와 경제관계에 의해 생존 문제가 절박한 이유로 노동에 비해 주변으로 밀려나 있을 수 밖에 없다. 그러나 갈수록 빠르게 변화하는 복잡한 현대사회에서 놀이란 단순히 노동과 대비되는 개념이 아닌 자유로운 유희를 가능하게 하는 존재로 그 중요성이 강조되고 있다.

1. 놀이의 개념

놀이(영어: PLAY) 또는 유희(遊戲)는 인간이 재미를 얻고 스트레스를 풀기 위해 하는 활동을 말한다. 물질적 보상 또는 대가를 바라지 않고 하는 행위이며 외부로부터의 강제에 의한 행위도 아니라는 점에서 노동이나 일과 구별되지만, 노동에도 유희적 측면이 있다고 보는 견해도 존재한다. 일반적으로 놀이는 기분전환을 위한 여가 활동으로 규정되며, 서양 기원의 승부와 관련 있는 놀이는 게임(GAME)으로 불리기도 하고, 즐거움 외에도 민첩성이나 사회성 등 성장에 필요한 경험을 얻기 위해 놀이를 하기도 한다.

1) 놀이의 정의

국립어학원 표준국어대사전에서의 놀이는 여러 사람이 모여서 즐겁게 노는 일 또는 그런 모든 활동이다. 한국 민족문화 대백과사전에서의 놀이는 인간의 생존 활동과 관련이 있는 활동과 일을 제외한 신체적이고 정신적인 모든 활동이다. 놀이는 생활상의 이해관계를 떠나서 자발적으로 참여하는 목적이 없는 활동으로서 즐거움과 흥겨움을 동반하는 가장 자유롭고 해방된 인간 활동이다. 따라서 놀이는 재미가 있어야 하고, 다른 사람들을 끌어들이는 공감력이 있어야 하며, 모든 제약으로부터 해방시켜 주는 자유스러움과 놀이 주체의 자발적인 참여가 보장되어야 한다.

아리스토텔레스는 무엇이든 그 자체로 즐기는 태도를 인간의 가장 탁월한 능력이라고 보았으며 인간은 놀이를 통해 생각하고 느끼고, 반성하고, 창조하는 것을 배울 수 있고, 이렇게 무엇인가를 진심으로 좋아하고 즐기는 활동 자체는 놀이이자 학습이라고 하였다.

하위징아(HUIZINGA)는 호모(HOMO-)라는 말 뒤에 LUDENS를 붙여 놀이하는 인간이라는 뜻의 호모 루덴스(HOMO-LUDENS)를 제시했다. 놀이란 문화에 포함된 개념이 아니라 문화 이전의 것으로 하나의 총체적 현상으로 보았으며 '인류가 놀이 속에서(IN PLAY), 그리고 놀이로서(AS PLAY) 생겨나고 또 발전해 왔다'라고 밝혔다.

2) 놀이의 개념

(1) 프로이드(FREUD/1856~1939/오스트리아 정신분석학자)

놀이는 어린아이가 언어를 사용하고 생각을 정리하는 것을 배우는 과정에서 나타나며 어린이로 하여금 자신의 능력을 연습하도록 강요하는 충동 중의 하나에서 나오는 것이다.

놀이가 충동으로부터 나오며 쾌락과 깊은 관련을 맺고 있다고 생각하고 쾌락은 인간이 추구하는 내재적인 욕구이기 때문에 놀이는 인간의 필수적인 활동으로 간주되어지며 놀이 활동은 내재적인 욕구의 발산이므로 능동성을 가지고 있다고 보았다. 아동이 성장함에 따라 공동체는 쾌락이 수반하는 놀이에서 공부와 일을 강조하게 되고 청소년의 놀이 기회는 점점 줄어들게 된다.

(2) 피아제(PIAGET/1896~1980/스위스 심리학자)

놀이를 인지발달의 한 형태로 간주하며, 인간의 인지적 행동은 동화와 조절 간의 평형을 통해 이루어지는 것으로 보고 아동의 놀이 경험이 인지발달과 밀접한 관계가 있다고 보았다. 놀이는 이해관계를 떠나 있으며 자기 목적적이며, 자발성이 있고, 쾌락이 있다고 보았다. 또한 놀이는 조직화가 상대적으로 부족하고, 갈등으로부터 자유로우며 동화의 지배에 대한 또 다른 표현으로 과도한 동기화라고 보고 놀이와 놀이가 아닌 활동을 구분하고자 했다.

(3) 비고츠키(VYGOTSKY/1896~1934/구소련의 인지심리학자)

취학전기가 시작될 즈음이 되면 즉시로 충족되거나 잊혀질 수 없는 바람들이 형상을 갖게 되고 그 이전 단계의 특징인 바램의 즉각적 충족 경향성이 유지되면서 어린이의 행동은 변한다. 이러한 긴장을 해소하기 위하여 취학전기 어린이는 현실성 없는 바람이 실현될 수 있는 가상적이고 환상적인 세계로 들어가게 되는데, 이 세계를 '놀이'라고 부른다.

놀이를 통해 아동은 많은 목적을 성취하고, 놀이를 통해 자아 조절력을 발전시키며 자신의 욕구와 규칙 사이에서 갈등을 경험한다. 특히 아동의 상상놀이는 자기조절과 사회적으로 협동적인 행동뿐만 아니라 반성적 사고를 발달시키는데 매우 중요한 역할을 하고 있다고 보고 놀이는 아동들 자신과 보다 넓은 사회의 맥을 이어주는 중요한 통찰력을 부여하는 것이다.

(4) 하위징아(HUIZINGA/1872~1945/네덜란드 역사가, 철학자)

놀이는 문화 그 자체가 존재하기 이전부터 일정한 크기로 존재해 왔으며, 태초부터 현재 우리가 살고 있는 문명기에 이르기까지 항상 문화 현상 속에 함께 있었고, 그 속에 충만해 왔음을 우리는 문화 속에서 발견할 수 있다.

놀이란 간접적이며 실제적인 목적을 추구하지 않으며, 움직임의 유일한 동기가 놀이 자체의 기쁨에 있는 정신적 또는 육체적인 활동이다. 그리고 모든 참여자에 의해 인정받는 어떤 일정한 원칙과 규칙에 따라 진행되는 활동이며 거기에는 성취와 실패, 이기는 것과 지는 것이 있다.

놀이가 논리적 정신을 가르치며 과잉된 힘을 방출시키며 긴장을 풀게 하는 유용한 기능을 한다고 말하며 재미라는 요소가 놀이의 본질을 규정하고 있음을 설명하고 있으며 놀이를 물질이 아닌 정신의 개념으로 인정하고 있다. 놀이는 자발적 행위로 참여자가 자유로운 참여를 할 수 있어야 하며 비밀스런 분위기를 만들어 내고 있으며 시간적, 공간적인 제약을 받고 있다. 인간의 놀이에 대한 욕망은 인간의 원초적인 본능으로 이어졌고 본능은 각종 의식 및 신앙과 결부되어 각종 놀이로 표현되었다. 원시사회의 수렵이나 자연에서 먹이를 구하는 과정에서 돌 던지기, 활쏘기, 창던지기 등 여러 가지 놀이가 자연발생적으로 행해졌음을 짐작케 한다.

(5) 로제 카이와(ROGER CAILLOIS/1913~1978/프랑스 평론가, 사회학자)

로제 카이와는 하위징아의 놀이 연구 결과에 대해 높이 평가하면서 약점을 비판하는 태도를 취했다. 놀이는 행위하는 자가 가상의 역할(소꿉놀이, 인형놀이, 병원놀이 등)을 연기하거나 일상의 생활과는 분리된 허구의 세계를 경험하는 허구의 활동이며, 강제와 강요가 따르지 않고 시작과 끝, 태도와 의지 등을 행위하는 자가 자유롭게 결정하는 자유로운 활동이다.

놀이는 소유권의 이동은 있을 수 있지만 시작보다 더 큰 이익과 손실은 생기지 않는 비생산적인 활동이며, 일상의 생활에서 시간적, 공간적으로 분리된 곳에서 일어난다. 놀이는 일상생활에서의 법과 규칙이 아닌 오로지 놀이만을 위한 자의적이고 새로운 규칙이 있는 활동이고, 놀이는 끝날 때까지 진행될 방향과 결과를 예측할 수 없으며, 놀이의 재미와 스펙터클은 과정과 결과에 대한 확정되지 않은 활동이다.

놀이의 4가지 속성으로 아곤, 알레아, 미미크리, 일링크스를 설명했다.

① 경쟁을 뜻하는 아곤(AGON)

자신의 우수성을 인정받고 싶어하는 인간의 욕망을 반영하는 것으로 권투,

체스, 당구, 축구 등이 있다.

② 운을 뜻하는 알레아(ALEA)

놀이하는 자의 의지 또는 능력과 상관없이 운수나 요행, 운명에 결과를 맡기는 모든 놀이행위로 복권, 룰렛, 주사위, 카드 등이 있다.

③ 시간적, 공간적 한계를 정해놓은 미미크리(MIMICRY)

일시적으로 내가 아닌 다른 사람이 되어 보는 체험을 즐기는 것으로 가면무도회, 연극, 탐험 등이 있다.

④ 안정성과 균형성이 파괴됨으로 일시적인 현기증, 공포 상태의 일링크스(LINX)

롤러코스트, 그네, 번지점프, 회전목마, 파친코 등이 있다.

3) 놀이의 가치

(1) 지적가치

놀이는 마음을 새롭게 하고 지적역량을 회복시켜주며 창조성과 개방성을 제공한다. 놀이하는 사람은 다른 사람, 대상, 사건을 탐색, 실험, 조사, 탐구한다. 사람들은 놀이하는 동안 새로운 문제들에 직면하게 되고 문제 해결을 실천해 볼 기회를 얻게 된다. 놀이를 통해 접하는 새로운 사물이나 상황에 대한 탐색은 다양한 문제 해결 능력을 발달시키고 상징 놀이는 추상적 사고능력을 증진 시킨다.

(2) 도덕적 가치

대부분의 놀이는 고유한 규칙을 내포하고 있다. 규칙은 모든 사회적 관계 속에서 도덕성의 기초를 마련한다. 자기 통제를 통하여 사회적 상호작용에 유익하게 사용될 수 있는 중요한 사회적 기술을 알아가게 된다.

놀이의 페어플레이 정신은 놀이에 국한되지 않고 일반적인 대인관계에서도 작용한다. 경기에 패배해도 그것을 다른 사람의 탓으로 돌리지 않고 스스로 수용하는 고귀한 정신은 아동의 도덕성 형성에 중요하게 기여한다.

(3) 미적 가치

아동들은 놀이를 통하여 자연스럽게 신체를 단련시켜나가고, 놀이 속에서 또래와의 언어표현을 통해 자신의 정신적 세계를 표상하는 능력을 촉진 시킨다. 많은 놀이들이 축제, 의식, 경기 등 미적 활동으로 이루어져 있으며 다양한 미적 가치를 추구하고 있다. 놀이에 몰입되어 있는 모습은 아름다움 그 자체이며, 경기로서의 놀이하는 모습은 평형과 안정감과 전환과 대조 등을 통하여 사회성, 신체, 언어의 아름다움을 추구하고 있으며 가장 높은 형식인 축제나 의식들은 아름다움을 추구할 뿐만 아니라 성스러움까지도 추구한다.

(4) 자유의 가치

놀이는 아동을 갈등으로부터 자유롭게 만든다. 놀이는 일상생활 밖에서 행해지고 있으며 이 자유로운 행위는 어떤 물질적인 이해관계도 없이 사람들을 몰입시킨다.

카이와는 자유란 쉬고 싶고, 기분전환 및 변덕스러움의 욕구로 자유가 놀이의 필수 불가결한 원동력이라고 했다. 놀이가 아무리 어렵고 복잡하고 엄밀하게 조작되어 있다고 해도 그 근원에는 자유가 남아있다고 보고 놀이의 본질로 자유를 강조했다.

(5) 내재적 즐거움의 가치

놀이는 그 자체 속에 자기 정당화가 가능한 즐거움을 가지고 있어 재미있기 때문에 계속 놀이를 한다. 놀이는 본질적으로 기쁨과 즐거움을 내포하고 있는 것으로 지루하고 단조로운 활동들과는 다른 특성이 있으며, 인생에 웃음, 폭소 등과 같은 긍정적인 정서를 표현하게 한다.

(6) 휴식의 가치

놀이는 인간의 삶에서 신체적, 정신적인 휴식과 위안을 주며, 정서적 긴장을 해소시켜줌으로써 마음의 평정을 가져다주고 생활의 여유와 기쁨을 안겨준다.

(7) 성취감의 가치

놀이 속에서 긴장은 성취감을 맛보게 한다. 더욱이 경쟁적이고 난이도가 높을수록 긴장감은 고조되고 성취감도 더 강하게 느껴진다. 놀이를 통하여 일상적인 작은 성취감에서부터 고난도에서 얻는 성취감을 인간은 스스로 추구하며 성취해 나가고자 한다.

(8) 정서적 치료의 가치

놀이는 긴장감을 이완시켜 주고 갇혀있는 감정을 완화 시켜 준다. 놀이는 아동이 실제의 고통스러운 경험을 환상놀이를 통해 보상받게 되고 자아 발견을 독려하며 놀이 과정을 통해 문제 해결의 대안을 배워가며 더 성공적인 방법을 터득하도록 한다. 긍정적인 정서와 감정을 형성하는 놀이경험은 긍정적 자아개념, 자아존중감, 자율성, 자신감, 인내심 등의 건전한 정서를 형성한다.

(9) 문화와 문명의 가치

대부분의 놀이는 많은 비용과 귀중한 시간과 에너지의 소모를 요구한다. 상처와 부상의 위험이 있을 뿐만 아니라 생명을 잃을 수도 있는 각종 사고가 언제나 놀이 주변에 도사리고 있다. 사람들은 이런 위험을 감수하고서라도 놀이를 한다.

놀이 활동 속에는 그 사회의 규칙, 신념, 태도 등을 포함하고 있다. 놀이는 사회가 가지고 있는 문화와 문명발달을 전승시키는 역할을 하고, 인생의 필수적인 요소이며 삶 자체이다.

2. 놀이 이론

1) 고전적 놀이이론

놀이에 대한 체계적인 연구는 19세기 중반에 이르러 본격적으로 시작되었다. 이전까지는 놀이와 여가를 정상적인 일과는 반대되는 비정상적인 활동으로 인식하거나 그저 아이들의 의미 없는 장난이라고 여겨지기도 하였으나 이 시기부터 놀이에 대한 인식이 바뀌어 놀이의 본질과 목적에 따라 잉여에너지 이론, 휴식이론, 연습이론, 반복이론들이 등장했다.

(1) 잉여에너지 이론(SURPLUS ENERGY THEORY)

독일의 시인 쉴러(SCHILER)와 영국의 철학자 스펜서(SPENCER)에 의해 처음으로 제기되었으며, 사람들이 놀이를 하는 이유를 남아있는 잉여에너지를 쓰기 위함이라고 했다. 즉 유기체는 생존하기 위해 에너지를 산출하며, 필요한 에너지 이외의 잉여에너지는 즐거움을 느끼기 위해 소모하는데 놀이는 이를 위한 행동으로 아동은 잉여에너지를 소모하려는 목적으로 놀이를 이용한다는 것이다.

이 이론은 왜 유아가 성인보다 놀이를 더 많이 하는지, 유아들이 지쳤을 때에도 왜 놀이를 계속하는지 설명하지 못했다.

(2) 휴식이론(RECREATION THEORY)

잉여에너지 이론과 반대로 놀이의 목적이 일에서 소모한 에너지를 재충전하는 것이라고 본다. 인간은 일상에서 많은 에너지를 소모하게 되고 이로 인한 에너지 결핍을 느꼈을 때 에너지 결핍을 유도했던 일과는 다른, 놀이와 같은 형태의 활동에 참여함으로 에너지를 재충전할 수 있다는 것이 라자루스(LAZARUS)의 휴식이론이다.

라자루스의 휴식이론을 계승발전 시킨 패트릭(PATRICK)은 현대인들은 노동 후에 쌓인 피로를 풀기 위해 뛰기, 달리기, 던지기 등의 신체활동이나 레크레이션과 같은 여가 놀이를 하고, 영유아도 피곤할 때 에너지가 공급되는 것을 기다리기까지 느끼게 되는 지루함을 없애기 위해 놀이를 한다고 보았다. 그러나 성인이 일을 더 많이 하기 때문에 에너지 고갈을 더 많이 겪는데 왜 아동이 더 많이 놀이를 하는지 밝혀내지 못했다.

(3) 반복이론

19세기 말 다윈(DARWIN)의 진화론에 기반하여 개체 발생은 계통 발생을 반복하거나 재현한다는 측면에서 놀이를 설명하고 있다. 종의 기원 이후 과학자들은 태아가 인간이 진화했던 과정을 재현하면서 발달한다는 것을 발견했으며 미국의 심리학자인 홀(HALL)은 이에 영향을 받아 반복이론을 제기했다. 홀은 아동의 발달과정이 동물류에서 인간에 이르기까지 진화과정을 재현하는 것처럼 놀이에서도 동물, 야만인, 부족인 등의 인류역사가 반복적으로 나타내는 인류의 진화과정에서 일어나는 것과 같은 순서를 따른다는 것이다.

반복이론의 놀이는 다양하고 복잡하여 직선적이거나 순서적으로 발달하지 않으며, 현대의 문화가 반영되는 컴퓨터 게임이나 로봇, 자동차, 우주선 같은 등을 가지고 노는 새로운 놀이유형을 설명하는데 어려움이 있다는 한계가 있다.

(4) 연습이론
네덜란드의 철학자 그루스(GROOS)는 신생아나 갓 태어난 동물들은 생존에 필수적인 불완전하고 미성숙한 본능을 가지게 되는데, 놀이는 이러한 본능을 미래 사회에 필요한 필수적 기술을 연습하고 완벽하게 만드는 안전한 수단이 된다고 설명하고 있다.

놀이는 생존 기술을 연습하게 하는 수단이 되는 것으로 아기가 기고, 뒤집고, 일어서는 행동의 반복 연습으로 기본 능력을 갖추게 하고, 엄마 아빠가 되는 역할 놀이를 하면서 성인이 되어 부모가 되는 역할을 미리 연습하게 된다는 것이다.

놀이를 통해 특정 행동이나 기술이 연습 된다는 그루스의 이론은 놀이의 역할과 기능을 너무 제한시켰다는 비판을 받고 있으며, 놀이가 환경 또는 놀이 자료에 의해 지대한 영향을 받는 것을 설명하지 못했으며, 기술 획득 이후에도 계속 놀이를 한다는 사실은 연습이론의 한계를 드러낸다.

2) 현대놀이 이론
20세기 현대놀이 이론을 주장한 학자들은 놀이 행동에 대한 발달적 이해나 영향을 주는 요인에 대한 놀이의 유형학(TYPOLOGY)에 초점을 맞추어 학습과 환경의 심리학적 측면들을 강조하였다.

(1) 정신분석이론
놀이 활동 자체의 목적보다 놀이가 무의식으로부터 내적 충동을 감소시키기 위한 동기로 발생한다고 보고 유아들은 주위상황과 자기 자신의 내적 숙달을 위해 적극적으로 놀이에 참여하게 된다고 보는 이론으로 프로이드와 에릭슨이 대표적이다.

● 프로이드(SIGMUND FREUD, 1856~1939)

심리 역동적 성격 발달을 강조한 정신분석이론의 창시자로 놀이는 외적 통제력과 적응력을 길러주고 인생을 살아가면서 일어나는 여러 가지 갈등을 해결해 주는 매개체 역할을 한다고 보았다. 인간은 본질적으로 즐거움을 추구하는데 놀이가 치유의 역할을 대변하며 심리적으로 충격이 된 부정적인 정서를 스스로 정화하는 효과가 있다고 본다.

놀이의 정화 효과로 첫째, 역할전환을 강조하였다. 현실의 부모에게서 야단을 맞은 유아가 역할 놀이에서 부모가 되어, 인형이나 또래에게 야단을 치며 자신이 느낀 부정적 감정을 해소하는 것으로 이러한 경험 속에서 부정적인 경험을 수동적으로 받던 입장에서 부정적인 경험을 제공하는 존재로 역할을 바꿔볼 수 있도록 돕는다는 것이다.

둘째, 현실의 부정적 경험을 여러 번 나누어서 하는 반복놀이로 부정적 경험을 유아가 극복할 수 있는 작은 부분으로 나누어 천천히 받아들이며 부정적 사건의 영향력을 약화시키고 점차 극복한다는 것이다.

● 에릭슨(ERIK H. ERIKSON, 1902~1994)

프로이드 이론의 한계를 보안하여 심리·사회적 발달을 강조하면서 놀이의 사회화 역할에 초점을 두었으며, 놀이를 통해 자아 기능이 강화되고 주변 환경의 숙달에 기여한다고 보았다.

놀이를 하는 과정에서 정서적 갈등을 해결하는 경험을 하게 되고 이를 통해 자아 기능의 강화뿐 아니라 신체·사회적 기술이 발달함에 따라 환경에 익숙해진다는 것이다. 에릭슨은 유아놀이의 경험수준에 따라 발달되는 놀이를 3단계로 제시하였다.

첫째, 자기 세계놀이로 유아는 놀이를 통해 자신이 다른 사람과 다르다는 것을 알게 된다. 자기 세계놀이는 출생 후 첫 일 년 동안 나타나는 놀이의 형태로, 놀이의 대상이 자신의 신체이며 만져보고, 뒤집어보고, 소리도 내면서 감각적 지각이나 근육운동 등을 반복하여 시도하는 놀이 단계로 반복적, 반사적, 탐색적 놀이라고도 한다.

둘째, 미시영역놀이는 2~3세경에 나타나는 놀이의 형태로, 놀이의 대상이 자신의 신체에서 놀잇감이나 주변 사물로 이동되어 그것을 조작하는 놀이로 확장된다. 물건을 밀거나 장난감 공을 굴려보는 등의 과정을 통하여 숙달되어가며, 유능감과 자아를 형성하고 강화시킨다.

셋째, 거시영역놀이는 3~4세 이후 나타나는 놀이의 형태로, 놀이의 대상이 타인이나 놀이 친구로 확장되며, 그들과 놀이를 시작하게 되면서 사회적 상호작용과 문화 사회적 역할을 이해하면서 자아를 조절하고 현실에 적응한다고 본다.

(2) 인지발달이론

놀이 활동의 결과보다는 과정에 더 중요한 가치가 있으므로 외부로부터 부과되는 규칙과 상관없이 놀이 활동의 목적은 유아에 의해 전개되고, 상황을 이해하는 방향에 따라 목적을 변화시켜도 무방하다는 이론이다. 피아제와 비고츠키를 중심으로 놀이를 아동의 사회적·정서적 적응의 관점에서 바라보던 시각에서 놀이를 통한 유아의 사고 발달로 관점이 이동한 것이다.

● 피아제(JEAN PIAGET, 1896~1980)

스위스의 생물학자이자 심리학자인 피아제는 아동은 놀이의 과정-자신의 정신구조를 표현하는 과정-을 통하여 인지발달 과정에 참여한다고 보며, 놀이를 인지발달의 한 형태로 간주하였다.

놀이는 개념적 사고를 직접적으로 형성하는 과정은 아니지만, 개념적 사고와 함께 정신구조를 확충하는 한 가지 경로가 된다는 것으로, 아동에게 놀이는 유희의 몸동작이 아니라, 모방과 함께 세상을 살아가는 한 가지 방식인 것이다.

아동이 첫걸음을 시작할 때에는 정신구조가 놀이로 표현되는 과정-동화-과 새로운 정신구조가 획득되는 과정-조절-사이에 불균형이 있을 수 있으며, 이에 따라 세상을 파악하는 방식이 엉성하고 불완전한 것이기 마련이다. 그러나 뒤뚱거리던 걸음들이 두 다리에 힘을 주고 제대로 걷는 걸음-동화와 조절의 균형을 갖추는 것-이 될 때 아동은 비로소 자신의 인지 구조에 맞게 변화시키는 상징적 전환이 이루어지며 개념적 사고의 세계, 어른의 세계에 입문하게 되는 것이다.

피아제는 이러한 놀이가 인지발달 수준에 따라 연습놀이, 상징놀이, 규칙 있는 게임의 세 단계로 발달한다고 보았다. 피아제의 학습과 발달에 대한 놀이의 역할은 다소 복잡하다. 집단 속에서 다른 아동들과 같이 토론하는 아동이 자기와 다른 관점들을 자신에 대한 도전 자극으로 받아들여 이러한 관점을 다룰 좋은 기회를 얻게 된다는 것에서 보듯이 놀이를 인간 발달과 학습의 중요한 기재로 여긴다는 것이다.

●비고츠키(VYGOTSKY, 1896~1934)

러시아의 심리학자 비고츠키는 인지발달을 가져오는 주요 요인으로 사회·문화적 상호작용이라는 점을 강조하고, 상호작용을 원활하게 하도록 하는 것이 놀이라고 보았다.

놀이는 사회 상징적 활동으로 놀이의 주제, 내용, 놀이자의 역할 등은 사회

문화적 요소를 포함한다. 놀이가 유아 자신의 정신세계를 표현하고, 정신 발달에 매우 중요한 역할을 하며, 유아 자신의 행동을 지배할 수 있도록 하는 정신적인 도구로 쓰인다는 것이다.

놀이를 사회활동으로써 사회 맥락 안에서 나타나지는 사회활동으로 주장하며, 모든 인간의 행동은 사회 맥락 안에서 설명되어야 하며 인지발달이나 행동이 분리된 경우 그 의미를 찾기가 어렵다고 한다. 놀이를 통해 인지, 정서, 사회성을 발달시킬 수 있고 상상의 상황들은 자연스럽게 나타나는 역할들과 규칙들을 아이에게 전달한다고 주장했다.

많은 학자들이 놀이의 특성으로 즐거움을 드는데 비고츠키는 즐겁다는 요소는 놀이의 특성이 아니라고 주장했다. 맛있는 음식을 먹는 일, 남으로부터 관심을 받고 인정을 받는 일 등도 즐거움을 가져올 수 있으며, 아이들이 즐기는 놀이 중 게임의 경우 즐거움보다 승부에 따른 실망과 경쟁이 나타나고 지거나 힘이 드는 게임의 경우 즐겁지 못한 경우도 빈번하다. 그런데도 아이들이 놀이에 집중, 몰두하는 것은 놀이가 가지는 특유의 속성에 기인한 것이므로 즐거움을 놀이의 요소로 보는 것은 적절하지 못하다는 것이다.

(3) 기타놀이 이론

① 사회학습이론

행동주의 학자들에 의해 주장된 이론으로 사회놀이 행동이 유아의 사회적 능력과 문제 해결 기술이 반영되어 표출된다고 보고 유아의 사회놀이 이론이 유아의 인지능력과 깊은 관계가 있음을 밝혔다.

스키너(B.F.SKINNER)는 놀이를 하는 등의 인간 행위가 특정 자극에 의해 자동적으로 나오는 것이 아니라, 이전에 다른 사람의 행동을 관찰하거나 직접 그 행동을 했을 때 어떤 보상 혹은 처벌이 있었는지를 관찰하고 수행된다고 한다.

놀이행위는 유아가 처한 물리적, 인적 환경에 영향을 받아서 나타나며 유아가 강화 받은 놀이는 점차 빈번해지고, 강화 받지 못한 놀이는 점차 감소하게 된다.

반두라(ALVERT BANDURA)는 인간의 학습에 있어서 관찰학습의 중요성을 강조했다. 아이들은 직접 경험을 하지 않더라도 다른 사람의 행동과 그 행동에 따른 결과를 관찰함으로써 보상받는 행위는 학습하고 벌을 받는 행동을 학습하지 않는다.

반두라의 보보인형 실험은 아이들이 장난감을 가지고 노는 모습을 관찰하고 이를 따라 하는 모습을 통해 모방을 통한 관찰학습을 보여주었다.

② 각성조절이론

놀이 활동을 인간이 각성상태를 최적의 상태로 유지시키기 위해 중추신경조직의 욕구나 충동을 만족시키는 것으로 놀이의 역할은 흥분이 낮은 싫증난 상황에서 자극-생산 활동으로 흥분 단계를 증가시켜 탐색 활동을 이끈다고 보았다.

벌린(BERLYNE)은 놀이를 높아진 각성을 낮추기 위한 것 즉 불안을 낮추기 위한 자극감소 활동으로 놀이를 통해 사물을 탐색하며 적정한 각성 수준을 유지한다는 것이다.

엘리스(ELLIS)는 놀이를 낮아진 각성을 끌어올려 적정 수준을 유지하기 위해 하는 활동으로 자극 추구 활동으로 보았다. 즉 놀이에서는 새롭고 특이한 방법으로 사물을 사용하고 행동하면서 자극이 증가한다고 주장하였다.

③ 상위의사소통이론

놀이의 여러 상황, 행동, 사물, 주제 등을 놀이하는 상대에게 언어적·비언어적 신호로 이해시키고 설명하여 의미를 공유하기 위한 의사소통을 말한다.

베이트슨(BATESON)은 놀이 맥락이란 놀이 활동 자체로서 놀이가 일어나는 주변 맥락에 의하여 영향을 받는다는 것을 주지시키고 놀이의 내용과 맥락을 구별해야 한다고 주장했다.

유아들이 싸움 놀이를 하면서 주먹을 휘두르는 행위는 진짜 싸우면서 때리는 행위와는 다르기 때문에 놀이 세계인지 실제 세계인지 놀고 있는 대상이 알 수 있도록 놀이 틀이나 맥락을 설정해야 한다고 하였다.

④ 각본이론

유아가 발달을 해 나가면서 자신의 경험에 기초해 사건을 조직하고 구성하며 경험에 대한 해석을 놀이로 표현하므로 놀이에는 영유아의 개인적 경험에 대한 지식이 나타난다고 한다.

울프(WOLF)와 그로만(GROLLMAN)은 영유아의 사회극 놀이를 각본으로 보고, 놀이 중 표현되는 이야기 구성 수준을 분석하면서 유아의 언어발달과 인지발달의 지표를 제시하였다.

영유아는 처음에는 실제 사물과 유사하고 구체성이 높은 소품으로 놀이를 하다가 점차 대체 사물들을 이용하거나 가작화하여 놀이를 하게 되고, 놀이의 변형 수준은 사물 외에도 다양하게 이용되고, 놀이 주제와 내용도 다양하게 나타나는 것을 볼 수 있다.

3. 놀이 치료 이론

1) 놀이 치료의 이해

놀이 치료는 심리치료의 한 가지 수단으로, 아동의 가장 자연스러운 활동인 놀이를 통해 아동의 부적응적 행동을 이해하고 개선하여 정상적인 발달을 할 수 있도록 하는 작업이다.

아동은 가족 또는 또래들과의 관계에서 시행착오를 겪으면서 자신과 관련된 문제를 해결하는 방법을 터득해 간다. 그러나 산업사회는 가족 간 유대, 친구 간의 유대를 단절시키며 이러한 기회를 상실한 아동들은 사회생활에 부적응하여 많은 문제를 일으키기도 한다. 아동이 건강하게 자라기 위해서는 부적응 행동을 감소시키고 적응적이고 바람직한 행동을 강화시키는 것이 필요하다.

다양한 놀이 치료의 접근에서 추구하는 궁극적인 목표는 아동의 문제를 해결하는 것, 부적응적인 행동을 적응적인 행동으로 변화시켜 바람직한 발전을 지속하게 하는 것으로, 이러한 목표를 달성하기 위해 몇 가지의 놀이 치료 이론을 살펴보고자 한다.

(1) 아동중심 놀이 치료

칼 로저스(CARL ROGERS)가 창시한 인간중심치료의 이론적 구성개념을 따른다. 놀이 치료에 아동의 연령이나 신체적 발달과 연관되기보다 실현 가능한 자아 발견과 관련한 개인의 내적 과정을 발견하는 것을 강조한다.

아동중심 놀이 치료 이론에서 성격을 구성하는 요인은 인간, 현상학적 장 그리고 자아이다.

아동은 자신을 중심으로 계속 변해가는 세상이란 경험 속에 존재하며 개인적인 경험으로 변화와 상호작용 하면서 조직화 된 전체로 반응하게 되는 인간이 된다. 현상학적 장은 아동이 경험하는 모든 것을 의미하며, 아동에게는 현실이고, 기본적으로 아동의 행동은 지각된 장의 경험으로 자신의 욕구를 만족시키고자 하는 목표지향적 시도로 이해된다. 자아는 아동이 총체적 경험의 일부를 점차 구별해 가는 것으로 발달하는 아동이 환경과 상호작용하는 과정에서 '나'를 인식해 가는 것이다.

(2) 정신분석적 놀이 치료

성인 정신분석치료에서 나온 연구결과에서 아동기 외상의 영향에 대한 이해의 필요성과 발달과정에서 아동에 대한 직접적 관찰 결과를 토대로 이론적 발달개념의 토대를 마련했다.

프로이드(ANNA FREUD)의 이론이 아동정신병리에서 가장 타당한 방법으로 인정되고 있다.

놀이 치료는 아동분석의 한가지 도구로서 분석가가 환자의 내재적 억압을 인식하고 이해하는 기본적인 기법이고, 발달상의 정체와 고착을 재구성하는 것으로 이루어진다.

(3) 융(JUNG)학파 놀이 치료

융의 분석심리학에서 자아-자기 축 개념은 자아(의식)와 자기(마음) 관계의 본질을 설명하며 자기를 놀이 치료에 활용한다. 아동은 다른 아동이나 성인의 세계로 이동해 갈 때 그 지역 문화의 규범과 집단적 의식에 따라야 하는 압력을 받는데, 아주 어린 아동일지라도 적응과 생존을 촉진하는 구조의 장치가 있다고 주장했다.

치료과정에서 만나는 모든 아동은 자신만의 독특한 세계를 갖고 있으며, 또한 자신만의 고유하고 의미 있는 방식으로 세상에 대처하고 있다고 본다.

(4) 인지-행동적 놀이 치료

인지 치료, 행동 치료, 놀이 치료를 통합한 새로운 놀이 치료법으로 아동의 부적응 행동을 단기간 내에 효과적으로 해결할 수 있고, 취학 전 아동의 문제에도 적용할 수 있는 놀이 치료기법이다.

인지 치료 이론은 인지, 정서, 행동 그리고 환경 간의 상호작용을 포함하는 광범위한 이론을 토대로 발전했으며, 일차적 목표는 환자의 증상과 관련한

맞는 속도는 내가 말하는 것을 내가 편하게 알아듣는 속도로 상황에 맞게 말하는 것이다.

⑤ 사투리

사투리는 되도록 사용을 자제하되, 지역에 따라 재미를 위한 포인트로 가미하는 것은 좋다.

⑥ 반말

친근한 표현이라고 반말해도 될 거라는 생각은 금물이다. 우리 할머니 할아버지 같다고 하며, 편함을 넘어서는 반말은 불쾌감을 준다. 일부 친근하게 대하는 지도자를 좋다고 표현해주는 분들도 있지만, 마음속으로는 싫어도 직접적으로 말하지 못할 수도 있기에 절대로 반말을 사용하면 안 된다. 반말만큼 조심해야 하는 것은 아이를 다루는 듯한 말투이다. 아동을 지도한 경험이 있거나 동화구연을 했던 분들, 노인에 대하여 약자라고 생각하는 분들, 과한 표현을 사용하는 분들이 이런 실수를 많이 한다. 노인에게 절대로 반말은 사용하면 안 된다.

(3) 비언어적 의사표현

우리는 의사소통을 주로 말로 많이 한다고 생각하지만 사실 의사소통의 70% 이상은 비언어적 의사 표현이 차지한다. 처음 만나는 사람에게 웃어준다거나, 악수하는 행동은 상대방에게 내가 가진 좋은 감정을 전달하는 의사소통의 한 형태이다.

노인교육을 하는 지도자는 옷차림이나 청결 등 외형적 부분을 깔끔하게 유지해야 하며, 은은하고 좋은 향기를 지니는 것이 좋다. 첫인상에서도 큰 부분을 차지하는데 지도자의 자기관리 능력이나 사회적 능력을 평가받을 수 있다.

웃는 표정과 밝은 모습으로 대하며, 시선 처리는 가볍게 눈을 보며 대화하고, 교육 중에는 어느 한 곳만을 응시하지 말고 전체적으로 시선을 주는 것이 좋다.

2

프로그램 진행 실제

progress of the program

1. 프로그램 준비
2. 프로그램 구성
3. 놀이의 종류

제2장
프로그램 진행 실제
progress of the program

1. 프로그램 준비

1) 강의 주제 선정

　강의 주제는 본인이 가장 잘하고 좋아하는 분야를 선정하는 것이 가장 좋다. 노인 교육은 다양한 분야로의 접근이 가능하며 크게 7가지로 나눌 수 있다.

① 운동 전문 강사: 실버체조, 기체조, 요가, 라인댄스 등
② 음악 전문 강사: 난타, 장구, 리듬교실, 노래교실 등
③ 인지 활동 전문 강사: 미술, 만들기, 작업치료, 원예, 공예, 학습지 등
④ 노인교육 전문 강사: 성교육, 노인 학대, 소통, 리더십, 웃음교육 등
⑤ 치매예방 전문 강사: 통합교육으로 신체 영역, 인지 영역, 영양 영역, 사회 영역 등으로 구성
⑥ 레크레이션 전문 강사: 운동회, 송년회, 사회 등
⑦ 놀이 전문 강사: 도구놀이, 인지놀이, 전래놀이, 통합놀이 등

　모든 분야를 강의할 수 있으면 좋으나 나만의 특화된 수업을 만드는 것이

가장 좋다.

홍길동 강사 하면 바로 떠올릴 수 있는 '나'만의 분야를 만들어 전문성을 키우면서 서서히 분야를 늘려가는 것이다.

2) 강의 주제에 대한 계획안 작성

강의 주제가 정해졌다면 계획안을 작성해야 한다. 계획안은 향후 수업하고자 하는 강의에 대한 전반적인 계획을 짜기 위한 서식이다. 계획안 작성은 내가 정한 주제에 꼭 들어가야 하는 내용들을 정리 압축하는 과정이기에 수업의 내용이 정리되고 흐름을 정할 수 있어서 강사 본인에게도 유익한 작업이다. 내가 정한 주제에 맞는 계획안을 미리 꼼꼼하게 작성해 두면 이후 진행이 원만해진다.

출강 기관들의 강사 모집 방법에는 공고를 하거나, SNS, 블로그 등을 검색하여 교육과 알맞은 강사를 찾기도 하지만 대부분은 일선에서 소개나 추천을 받는 경우가 많다. 위의 방법 모두 강사의 강의 실력을 알 수가 없다.

강사를 모집할 때마다 시연을 해보고 합격한 강사를 채용한다면 좋겠지만 시간이나 비용 면에서 비효율적이다. 그래서 미리 프로필과 계획안을 받아 강사의 역량을 체크 한다. 계획안은 나의 실력을 모르는 사람들에게 보내는 러브레터이다. 성의 있고 깔끔하게 미리 작성해 두자.

3) 진행에 따른 수업 1시간 교안 만들기

강사들이 절대로 지켜야 하는 수칙 1번은 1시간 구성 교안 만들기이다. 똑같은 내용으로 프로그램을 진행하더라도 반복적으로 작성해야 한다. 필수 내용은 날짜(년, 월, 일, 요일), 출강기관명, 수업내용이다. 강의를 잘하려면 사전 준비가 단단하게 이루어져야 한다. 경력이 오래된 강사들의 경우, 머릿속에 강의 내용이 다 입력되어 있다고 생각하고 간단한 메모만으로 강의 준비를 끝내는 경우가 종종 있다. 1시간 교안이 중요한 이유는 강의의 가장 밑바탕 작업이기 때문이다.

강의 대본은 하루 1개~3개 정도 강의를 진행한다고 가정하였을 때 2~3개월이 모이면 또다시 분류작업을 해야 한다. 반응이 좋았던 도구나 음악, 강의 내용들을 분류해 두고, 반응이 좋지 않았던 것들 또한 따로 분류해 두며, 그때의 상황들을 메모해 둔다. 이후 기록 내용을 보면서 잘했던 점과 미흡했던 점을 기재하며 스스로를 평가한다.

강의 대본은 노트를 활용하고 자필로 쓰는 것을 권장하며 자체 평가나 특이사항, 위험 요소 등의 내용은 포스트잇이나 강조되는 필기구를 사용하여 정리해 둔다.

강의를 하다 보면 권태기가 찾아올 때가 있다. 그럴 때 내가 적어두었던 강의 대본을 꺼내 보면 처음 시작했을 때의 마음가짐과 열정을 돌아보는 시간을 가져볼 수 있다.

4) 프로필 사진

강사 프로필은 출강기관에 보내는 나의 첫인상이다. 첫인상을 결정짓는 요인으로 (1) 얼굴 표정, (2) 외모의 준수한 정도, (3) 옷차림새, (4) 어투와 자주 사용하는 용어, (5) 체격이다.

밝은 표정과 깔끔한 차림새로 프로필 사진을 찍어두길 권한다. 제대로 된 프로필 사진이 없어 증명사진이나 휴대폰 속 이미지를 잘라 붙여넣는 경우가 있다. 이런 이력서나 프로필은 전문적이지 않아 보이며 성의도 없어 보인다.

강사는 연기자와도 같다. 웃고 싶지 않을 때도 웃어야 하며 무대에 서서 사람들을 만나고, 실력이 좋은 사람들은 섭외가 많이 들어오고 실력이 떨어지거나 노력하는 모습을 보이지 않으면 도태되고, 이미지 관리를 해야 하며, 연습을 게을리하면 안 된다. 무엇보다 실력이 늘어나면 늘어날수록 소위 말하는 몸값이 올라간다.

돈을 쫓아 가는 강사가 되면 안 되지만 돈을 못 버는 강사는 봉사자에 불과하다. 시간을 투자하고 노력을 투자하여 만들어 놓은 결과물을 발전시키고 홍보하는 것 모두 다 강사가 해야 할 일이다. 강사로서의 퍼스널 브랜딩과 마케팅에도 큰 몫을 하는 프로필 사진을 꼭 찍어두자.

5) 긍정적 마인드

'강사가 행복해야 대상자가 행복합니다.' 저자의 슬로건이다. 강사의 감정이나 마음가짐은 표정과 말투 그리고 행동으로 나타난다. 감정이 없는 강의는 내가 가진 지식을 소리로 전달하는 것에 불과하다. 그런 강의는 그 누구의 마음도 움직일 수 없을 것이다. 강사가 행복해야 그 기운이 그들에게 전달될 것이며, 그들도 행복하게 강의를 들을 수 있다. 그러나 강사도 사람이기에 항상 행복할 수는 없다. 힘든 일도 있고, 슬픈 일도 있고, 때로는 강사로서의 직업을 접고 싶기도 할 것이다.

누구나 한 번쯤은 겪어 본 일이겠지만, 강사는 힘든 감정을 강의 중에 드러내면 안 되고 항상 긍정적 마인드를 유지하도록 노력해야 한다. 긍정적 마인드를 가지려면

첫째, 가장 먼저 나를 사랑해주고 인정해줘야 한다. 나의 강점을 스스로 인정해주고 발휘할 수 있도록 해야 자신감이 생긴다. 자신감은 부정적인 감정을 없애 준다.

둘째, 긍정적으로 말하는 습관을 길러야 한다. 만나면 힘이 나고 행복한 사람이 있는가 하면 그렇지 않은 사람도 있다. 행복한 기운을 가진 사람들의 이야기를 들어보면 긍정의 단어를 많이 사용하는 것을 알 수 있다. 긍정의 단어는 사람들에게 좋은 에너지를 준다. 강사들은 부정적인 단어들도 긍정으로 바꾸는 습관을 길러야 한다. '실패'는 '새로운 경험'으로, '힘들다'는 '성장 중'

으로, '사고'는 '쉼표'로 바꿔서 사용해보는 것이다. 같은 말도 듣기 좋고 기분 좋게 말하다 보면 자연스럽게 긍정적인 마인드가 심어질 것이다.

셋째, 칭찬할 거리를 찾는다. 누구를 만나던지 그 사람이 가지고 있는 단점보다는 장점을 찾아 칭찬하도록 노력한다. 칭찬할 때는 아첨이나 빈정거리는 것으로 들리지 않게 내가 느낀 긍정적 감정을 기분 좋게 전해줘야 한다. 장점을 찾다 보면 긍정적 마인드는 자동으로 가지게 될 것이고 상대방에게 칭찬하는 사람이 된다면 나는 그들에게 힘을 주고 행복을 주는 사람이 될 것이다. 내가 행복해지기 위해서 제일 먼저 자기 자신에게 많은 칭찬을 하자!

6) 강의 전 준비 서류

1. 이력서
2. 자격증사본
3. 통장사본
4. 수업 계획안
5. 기타 서류
   1) 신분증
   2) 최종학력증명서
   3) 경력증명서
   4) 사전확인서(범죄경력)
   5) 윤리지침서약서
   6) 주민등록등본
   7) 싸인 사본 등

이력서 작성

강 사 이 력 서

1. 인적사항

	성명	한글		생년월일	
		연락처			
		이메일			
주소					
소속					

2. 학력사항

기간	학교명	전공	졸업여부

3. 자격사항

취득연월일	자격 및 면허명	시행처

4. 경력사항

기간	출강기관 및 내용	담당업무

위에 기재한 사항은 사실과 틀림이 없습니다.

2023년 10월 5일

성 명 :   (인)

● **이력서 필수 작성사항**

이름, 생년월일 (필요에 따라 주민번호 요청), 연락처, 이메일, 학력 사항
자격 사항, 경력 사항, 저서 및 싸인 등

● **이력서 작성 스킬 하나**

- 이력서는 정해진 양식이 있는 것이 아니라 자유롭게 써도 되지만 필수 내용은 반드시 들어가야 한다. 그리고 기관에 따라 자체 서식을 사용하는 곳들이 있으므로 반드시 담당자에게 미리 확인해 보고 작성하는 것이 좋다.
- 이력서 작성 요령은 먼저 인적 사항부터 작성하는데, 모두 사실을 기재하는 것이 좋다. 특히 연락처와 이메일은 합격 여부를 통보받거나 추후 추가 서류를 전달하는 등으로 쓰이기에 오타가 나지 않도록 작성해야 한다.
- 학력 사항은 되도록 최종 학력을 먼저 기재하고 아래로 써 내려간다. 강사 이력서에는 최종 학력 정도만 작성해도 무관하다.
- 자격 사항 부분은 해당 수업에 필요한 자격증 위주로 작성하고 사본을 준비한다. 자격증에는 공인된 자격증과 민간자격증이 있는데 민간자격증의 경우 필요 없는 자격증을 모두 열거하는 것은 좋지 않다.
- 경력 사항은 일반적으로 이력서를 작성하는 경우에는 최근 강의경력부터 작성한다. 단, 일부 기관의 경우 과거 경력을 보고 싶어 하기도 한다. 기간과 출강 기간은 정확하게 기재하고 강의 내용은 간략하게 적는다. 예를 들어 2023년 12월~2024년 2월 / 000종합사회복지관 통합놀이치료 / 주 강사(또는 보조강사)로 작성하면 된다. 강사 경력 사항의 경우 절대 허위 경력을 기록하면 안된다.
- 초보 강사의 경우 경력 사항이 없다면 봉사활동 기록을 적는 것은 가능하지만, 활동하지 않은 내용을 적는 것은 매우 위험하다. 일부 기관의 경우는 경력증명을 요구할 수도 있으므로 허위 경력은 절대 금물이며 증명이 가능한 곳 위주로 작성하기를 추천한다.

● 이력서 작성 스킬 둘

- 이력서 서식의 경우 두 가지를 사용할 것을 추천한다.
- 첫 번째는 강사 보관용 또는 강사의 전체 경력을 보고자 하는 기관에 보내는 서식으로, 서식의 칸을 추가해서 사용할 수 있는 것이다. 강사는 이 이력서에 출강한 내용을 모두 기재해 둔다. 강의가 많아지면 출강한 기관이 기억나지 않을 수 있으므로 빠지지 않고 모두 적어두길 바란다.
- 두 번째는 기본서식이다. 특정 프로그램을 요구하는 곳에는 그 프로그램과 관련된 자격증과 경력 사항만 깔끔하게 정리해서 보내면 된다.

강의 계획안 작성

[   ] 강의 계획안

활 동 명		진 행 자	
수업 일정		장　　소	
기본 준비물		대 상 자	
수업목표 및 세부내역			

회기	날짜	활동 내용 및 목표	준비물
1			
2			
3			
4			
5			
기타 / 요청사항			

● **강의 계획안 필수 작성사항**

　활동명, 진행자, 수업 일정, 장소, 대상자, 기본 준비물, 수업 목표 및 세부 내역, 회기, 날짜, 활동 내용 및 목표, 준비물, 기타 및 요청사항

● **강의 계획안 작성 스킬 하나**

- 강의 계획안의 경우는 자신이 출강할 수 있는 모든 분야를 기록해 두기를 추천한다. 그리고 그 계획안은 1년에 한 번 정도 업그레이드 해둔다. 물론 앞에 작성한 계획안은 그 자체로 보관해야 한다. 시간이 지나면서 유행하는 프로그램이나 요구하는 바가 달라지기도 하고, 유행이 다시 돌아오기도 하므로 후에 참고 사항이 될 수 있도록 강의 중 모든 내용들을 메모해 둔다.

- 계획안은 크게 1일(특강) 계획안, 한 달(4회) 계획안, 16회 이상으로 나눌 수 있다. 1년 계약으로 하는 노인주간보호센터의 경우에는 월간으로 계획안을 받는 경우가 많고 1년의 계획안을 요구하는 곳은 드물다.

- 1년짜리 프로젝트형 강의의 경우 총괄한 회기의 강의 계획안을 요구한다. 예를 들면 치매 예방교육 30회기의 기준 출강 기관이 신체 영역(14회), 인지 영역(4회), 미술 영역(4회), 음악 영역(4회), 사회 영역(2회), 영양 영역(2회)으로 요구했다면 각 영역에 알맞은 프로그램을 배치하여 총 30회기의 계획안을 모두 작성해야 한다.

- 한 달(4회) 강의 계획안은 가장 많이 쓰이는 계획안으로 이를 기준으로 강의 계획안 작성 방법을 알아보자.

①활동명

　강의 요청이 들어 온 경우 요청사항을 정확하게 물어보고 반영하는 것이 좋다. 예를 들어 놀이 수업의 경우에도 치매 예방을 목표로 하는지, 레크레이션 형인지, 전래놀이를 목표로 하는지, 소통이나 관계 형성을 위한 것인지, 명확하게 해야 한다. 강의목표가 명확해야 활동명과 강의 내용이 바로 설 수 있다.

② 수업 일정의 경우 년, 월, 일, 시간, 회기를 정확하게 기재하는 것이 좋다.
   예) 2024년 3월4일~4월29일 월요일 14시30분~16시30분 (주1회/9회)
③ 수업 장소 또한 건물명과 위치를 정확하게 적어준다.
   예) OOO종합사회복지관 지하 1층 대강당
④ 기본 준비물은 강의를 할 때 필수적인 것들로 빔 프로젝터, 레이저 포인터, 음향기기, 노트북, 화이트보드 등이다. 요즘은 빔프로젝터를 대신하여 대형 TV에 컴퓨터 선을 연결하여 사용하는 경우가 많으므로 미리 현장을 확인하거나 시설 여부를 문의하는 것이 좋다.
⑤ 대상자의 경우에는 대상자 특성을 정확하게 기재해야 한다.
   예) 부산시 OO구 독거노인 30명

위의 예시를 보면 독거노인이 특성이다. 독거노인의 경우 대부분이 배우자 사별, 자녀부양거부나 은퇴 등으로 사회 관계적 관계망이 단절되는 경우가 많다. 이런 경우 가급적 배우자와 관련된 이야기를 피하고 친구나 이웃과 함께하자는 주제를 정하여 풀어나가는 것이 좋다.

일부 기관의 담당자가 대상자의 특성을 정확하게 이야기해 주고 주의 사항을 알려주기도 하지만 알려주지 않는 경우도 있으므로 강사는 꼼꼼히 대상자의 특성을 파악해야 한다. 반복되는 주제를 가지고 어떻게 풀어나가는지를 정하고 그들이 좋아할 만한 멘트와 음악을 선정하는데도 큰 도움 이 된다.

⑥ 수업 목표 및 세부 내역의 경우, 계획하는 수업의 간략한 목표를 작성하고 강의계획을 분 단위로 나누어 기재한다. 예시의 계획안의 경우 강의 요청이 들어 온 후에 작성하는 계획안 작성방법이니 구체적인 강의계획을 요청하는 곳이나 내가 강의를 제안하는 경우에는 수업 소개, 목적, 세부 내역으로 나누어 자세히 기재하면 더 좋다.
⑦ 회기와 날짜를 기록하고 회기에 따른 활동 내용과 목표를 작성한다.
   예) 1회기 / 3월 4일 / 물통 마라카스 놀이 /물통 마라카스를 활용하여 소리

내기 연습을 하고 마음 열기를 한다. 음악에 맞추어 연주해보고 신나게 흔들고 온몸을 두드려 봄으로써 스트레스 해소에 도움을 준다.

⑧ 준비물은 기본 준비물 이외에 해당 회기에 필요한 것으로 기재한다.

준비물의 경우 기관이 준비해야 할 부분과 강사가 준비해야 할 부분을 사전에 명확하게 의논하는 것이 좋다. 재료비나 도구 대여료가 지급되는 곳도 있고 그렇지 않은 곳도 있으니 확인해 보자.

놀이 수업의 경우 일부 상품이나 소모품 등을 지원해 주는 경우도 있다.

● **강의 계획안 작성 예시 (120분 수업 기준)**

1교시 (65분)

- 5분 : 강습시작 (출석체크 및 안전 확인점검/관계형성/건강캠페인)
- 10분 : 준비운동 (몸 풀기 스트레칭/뇌 활성화 운동/율동)
- 30분 : 본 활동1 (해당 놀이도구로 활동)
- 10분 : 마무리운동 (즐거운 율동이나 웃음운동)
- 10분 : 휴식

2교시 (55분)

- 10분 : 앞 시간 복습 (뇌 활성화 운동, 손유희 등)
- 30분 : 본 활동2 (놀이도구 활동과 즐거움을 위한 경기, 레크 활동)
- 10분 : 회상 및 마무리운동 (오늘 활동을 회상 발표해 보고 마무리 운동)
- 5분 : 강습종료 (내 몸을 살리는 웃음과 함께 안전 확인 및 마무리 점검)

2. 프로그램 구성

1) 도구 활용 놀이

1년 기준 주 1회 프로그램을 진행하면 년 49회기~52회기 정도가 된다. 계획안을 잘 준비하기 위해서는 1년 동안의 큰 얼개를 만들어 놓고 난 후에 세부적인 진행 내용으로 나누어 구성하는 편이 좋다. 아래 표는 진행 가능한 수업을 표로 정리한 것이다.

● 도구 활용 놀이 1년 리스트 : 52회

날짜	수 업	날짜	수 업	날짜	수 업
1/4	마라카스 놀이1	5/3	접시 놀이2	9/6	마라카스 놀이3
1/11	저글링 스카프	5/10	바구니 블랙홀	9/13	색 파레트 놀이
1/18	복조리놀이(설)	5/17	플레이 스쿠프	9/20	풍선 놀이2
1/25	볼로볼	5/24	뒤집기 놀이	9/27	짚신 놀이(추석)
		5/31	미니 의자		
2/1	접시 놀이1	6/7	사랑의 전구 놀이	10/4	탁구공 놀이3
2/8	토스볼1	6/14	헐랭이 파리채 놀이	10/11	너트 놀이
2/15	플라잉 원반	6/21	컵 놀이2	10/18	뚫어뻥 놀이
2/22	eva 원칩	6/28	미니체육대회	10/25	휴지 운동회
3/1	개구리 놀이(경칩)	7/5	마라카스 놀이2	11/1	접시 놀이3
3/8	탁구공 놀이1	7/12	원목 빙고	11/8	병뚜껑 하드스틱
3/15	신문지 놀이	7/19	써클볼	11/15	집게 놀이2
3/22	풍선 놀이1	7/26	젓가락 놀이	11/22	마쉬멜로우 성 쌓기
3/29	오고디스크			11/29	파리채 놀이
4/5	주사위놀이	8/2	종이컵 성쌓기	12/6	컵 놀이3
4/12	컵 놀이1	8/9	토스볼2	12/13	연탄놀이(계절)
4/19	원목자치기	8/16	탁구공 놀이2	12/20	발표회(영상촬영)
4/26	집게 놀이1	8/23	아이스크림 놀이	12/27	종업식 및 영상상영
		8/30	노끈 놀이		

● **통합 놀이 계획안 작성 요령**
 - 지금부터 통합놀이(도구 활용) 1년 계획안을 함께 만들어 보자.
 - 본 교재에서는 가상의 년도로 52회 기준으로 구성한다.
① 가장 먼저 본인이 보유하고 있는 놀이도구나 교구(이하 도구로 지칭)를 정리하여 목록을 작성한다.
② 추가적으로 구매할 예정이 있는 도구나 대여가 가능한 도구 목록을 따로 정리해 둔다.

***주의** 많은 도구를 활용하는 것이 좋은 놀이는 아니다. 제시하는 도구들은 뒤에 활용 방법에 대해 배울 도구들로 구성하여 다양하게 작성한 것이며, 같은 도구를 여러 번 사용해도 무방하다.

③ 위와 같이 월별로 칸을 나누어 1년을 한 번에 볼 수 있는 표를 만든다.
④ 월별 주요 기념일을 표시한다. (예) 1월은 설날, 9월에는 추석, 12월에는 크리스마스 등
⑤ 모두가 아는 기념일에는 알맞은 놀이를 우선 배치한다.
⑥ 본 교재에서는 1월 설날이 들어있는 주는 '복조리 놀이', 9월 중 추석이 들어있는 주는 '짚신 놀이'로 구성을 하였다.
⑦ 강사 역량에 따라 진행할 수 있는 이벤트도 따로 날짜를 정해 우선 배치한다.

본 교재에서는 1년을 기준으로 하여 상반기 이벤트로 놀이 체육대회를 계획하여 그동안 진행했던 놀이 중 몇 가지를 선발하여 소 체육대회 형식으로 진행하도록 하여 6월 마지막 주에 배치했다.

하반기 이벤트로는 마무리 활동으로, 율동이나 노래, 장기자랑을 발표하는 발표회 시간을 계획하고 12월 마지막 주에 배치했다.

✔ 강사스킬1.

노인주간보호센터의 경우 요양보호사별로 팀을 구성하여 진행하는 것을 추천한다. (연습하면서 관계가 돈독해지고 팀별 경쟁심도 생김)

✔ 강사스킬2.

강사가 영상을 편집할 수 있다면 12월 3째 주에 발표회 동영상을 촬영하고 12월 마지막 주에는 편집한 영상을 함께 시청할 수 있는 시간을 가지는 것을 적극 추천한다. 동영상은 3편 정도로 제작하면 좋은데, 한편은 그동안 프로그램을 진행하면서 찍어 놓은 사진들을 재미있게 편집하고, 한편은 영상을 모아 편집하고 한편은 마지막으로 촬영한 발표회 동영상을 편집하여 어르신들께 보여드리는 것이다.

영상을 보며 1년을 되돌아보고 좋았던 점과 기억에 남는 일 등에 관하여 자유롭게 이야기하고 본인의 모습을 찾아보고, 발표회 동영상을 볼 때에는 뿌듯함을 느끼기도 한다.

모든 동영상 상영이 끝나고 나면 어르신들은 수업 참여에 대한 소감 발표로 1년을 회상하고, 강사는 본인의 상황을 스스로 평가하는 시간을 가진다.

⑧ 본인이 보유하고 있는 도구로 1년 동안 진행할 프로그램의 회기를 결정한다. 활용이 높아 여러 번 사용 가능한 도구는 횟수를 정해 둔다.

예를 들어 1년 6회, 1년에 4회 등을 먼저 정하고 1년에 1회만 사용 가능한 도구는 따로 기록 해 둔다.

2) 도구 놀이 활용 구성 실제

(1) 구성 예시

횟 수	종 목	비 고
1년 3회	마라카스 / 탁구공 놀이 / 접시놀이 / 컵놀이	총 12회
1년 2회	토스볼 / 집게놀이 / 풍선놀이	총 6회
1년 1회	저글링 스카프 / 신문지 놀이 / 개구리 놀이 / 볼로볼 플라잉원반 / 오고디스크 / eva 원형 칩 놀이 / 주사위놀이 플레이 스쿠프 / 복조리 놀이 / 짚신 놀이 / 연탄놀이 원목 자치기 / 써클볼 / 바구니 블랙홀 / 휴지 운동회 아이스크림 놀이 / 파리채 놀이 / 뒤집기 놀이 / 젓가락놀이 노끈놀이 / 사랑의 전구 놀이 / 병뚜껑 하드스틱 / 너트놀이 마쉬멜로우 성 쌓기 / 종이컵 성 쌓기 / 색 파레트 놀이 미니의자 / 뚫어 뻥 놀이 / 헐랭이 파리채 놀이 / 원목빙고	총 3회
1년 행사	미니체육대회 / 발표회 / 종업식 및 영상상영 총 3회	총 3회
예비 수업: 새로운 도구나 수업을 습득하면 항상 1년 계획안 밑에 추가하여 기록하자! 기록하지 않으면 다시 떠올리기 힘들고 중복되는 경우도 있다.		

(2) 수업 후 리스트 정리 방법

수업은 1회성으로 끝날 수도 있고 지속적으로 진행할 수도 있다. 계획안대로 진행할 수도 있으나 강의를 진행하다 보면 새로운 도구나 게임 등을 진행할 수도 있고, 기존 수업도 다르게 변경될 수 있으니 수업 이후에 꼭 리스트를 정리해야 한다.

① 강의처 별로 정리를 한다. 진행한 수업을 반드시 기록해 두는 습관으로 계획안과 다른 수업을 했다면 이유를 기록해 두는 것도 좋다.

② 조금 더 칸을 늘려 진행한 수업/ 사용한 노래/ 특이사항 등을 기록해 두면 중복되지 않는다.

③ 기관요청이나 미니 경기에 우승팀 선물, 휴강이나 보강 등을 기록해 두면 좋다. 여러 강의처가 있으면 더 꼼꼼히 기록하자!

● 예시

000경로당(20회기)통합 놀이		000 복지관 (4회기) 전래놀이	
3/8	탁구공 놀이-삼각 판에 골인하기	7/5	복조리 놀이
3/15	신문지 놀이	7/12	지게 놀이
3/22	풍선 놀이-에어펌프로 놀기	7/19	투호 놀이 / 윷놀이
3/29	오고디스크-우승팀선물(세라밴드8개)	7/26	추억놀이 3세트(딱지/ 고무줄 /공기)
4/5	주사위 놀이		**10월에 연장 예정
4/12	컵 놀이1-손 풀기/고속버스/기찻길		
4/19	원목 자치가-텐트 가져감	9/6	손 풀기/고속버스/기찻길
4/26	집게 놀이-동물 집게	9/13	쌓고 내리기 3개 빠르게
5/3	볼로볼(경로당 요청으로 경기 진행)	9/20	쌓고 내리기 6개 빠르게-(기록)
5/10	- 휴강 - 경로당 야유회	9/27	경기 3-6-3 (스피드경기/장애물경기)
5/17	플레이 스쿠프	10/4	컵타(밀양아 리랑/ 따르릉)
5/24	미니 의자- 색 인지 놀이	10/11	컵 놀이-대형컵놀이(우승팀 마사지기)
5/31	계란 뒤집기-뒤집개 사용하기	10/18	쌓고 내리기 1-10-1 *어려워 함
6/7	사랑의 전구 놀이	10/25	쌓고 내리기 1-10-1 *80% 성공
6/14	발표회 요청-짐볼난타-기초교육	11/1	컵타(안동역 에서/ 뿐이고)
6/21	짐볼난타 작품1-찔레꽃	11/8	컵 성 쌓기
6/28	짐볼난타 작품2-무조건		000 복지관
7/5	짐볼난타 작품3-여고시절		
7/12	짐볼난타 연습	10/4	노인의 날 웃음 특강
7/19	짐볼난타 최종 리허설	12/13	실버축제 사회
7/26	- 보강 - 짐볼난타 발표회		

(3) 강의 구성 방법 (1시간용)

보통 아이들의 교육시간은 20분~40분 내외로 비교적 짧은 편이다.

노인 또한 과거에는 40~50분 정도로 교육을 진행했었지만 최근에는 1시간을 기본으로 2시간 이상도 교육하고 있다. 그만큼 어르신들의 체력이 좋아졌다고 할 수 있다. 보통 교육 요청을 받으면 담당자에게 한 번 더 확인하는 것이 좋다. 예를 들어 노인주간보호센터에서 1시간 교육 요청을 받았다면 본 교육시간으로 50분을 원하는지 60분을 맞춰 주길 바라는지도 알아야 한다.

통상 주간보호센터는 수업이 끝나고 난 후 바로 다음 스케줄이 이어져 있다. 강사가 시간을 넘겨버린다면 그 뒤 모든 일정이 뒤로 밀려 일정에 차질이 생길 수 있으므로 의뢰 기관의 일정을 확인하고 정확한 시간을 지키는 것도 강사의 센스 중 하나이다. 일부 기관은 40분 정도만 해달라는 곳도 있고, 정확히 60분을 지켜 달라고 하는 곳도 있다.

2시간 이상의 교육 의뢰가 들어온다면 쉬는 시간 분배에 대한 부분도 확인해야 한다. 50분 교육 후 10분 쉬고 50분으로 구성해 달라는 곳도 있고 쉬는 시간 없이 1시간 30분~40분으로 진행해 달라고도 한다.

주1회 이상의 교육은 1시간 정도가 가장 많고 적당하다. 1시간 강의를 어떻게 구성하면 좋을지 알아보자.

1시간의 강의는 신입 강사들이 가장 힘들어 한다. 이 부분은 정답이 없다. 교육을 진행하면서 자신의 스타일대로 구성하여 수정 보완해서 나가는 방법이 이상적이지만 신입이기에 쉽지 않은 작업이다.

아래의 구성은 저자가 어르신들과 지난 7년간 현장에서 부딪히며 다양한 시도를 해본 결과 가장 좋은 효과를 본 구성이므로 소개하고자 한다. (단, 대상자의 나이, 인지, 교육 과목에 따라서 변경하여 사용 가능하여야 한다.)

국민건강보험공단에서는 건강백세운동교실을 운영하고 있다. 이는 국민을 대상으로 적절한 운동과 건강교육을 실시하여 건강한 생활을 유지, 개선하여 질병의 사전 예방과 이로 인한 의료비 절감을 목적으로 하고 있다. 강습유형은 크게 실내운동(경로당, 마을회관, 지사공실주민자치센터, 복지관 공용시설 등)과 야외운동(도심공원, 운동장 등), 자조 모임으로 이루어져 있다.

건강백세운동교실에서 가장 많은 부분을 차지하는 곳은 경로당으로 국민건강보험공단에서는 강습 매뉴얼을 제공하고 있는데 그 중 강습 운영 1시간 구성은 다음과 같다.

강습시작 (5분)	- 강습시작 안내, 안내 멘트 - 수강자 출결 체크 및 운동전 안전 확인, 캠페인
준비운동 (10~15분)	- 신뢰형성을 위한 레크레이션(노래 등 활기찬 분위기조성) - 본 운동을 위한 몸 풀기
본 운동 (30~40분)	- 수강자에게 적합한 요가, 기체조, 댄스 등 운동실시 ※ 운동 강도 : 땀이 조금 나고 숨이 약간 차는 중등도 운동
마무리 운동 (5~10분)	- 운동을 정리하는 마무리 운동 - 당일 운동의 효과 정리 및 실천 안내
강습 종료 (5분)	- 일상생활에서 실천할 수 있는 생활습관 개선 안내 및 운동 후 안전 확인, 강습 종료 안내

출처: 국민건강보험 건강 in

처음 시작하는 강사들은 국민건강보험 공단의 매뉴얼대로 진행해보는 것도 좋은 방법이다. 그러나 한 시간을 구성하다 보면 레크레이션은 어떻게 풀어가야 하는지 본 수업은 어떻게 해야 하는지 막막할 수도 있다.

1시간 강의는 크게 전반 30분과 후반 30분으로 나누어서 진행하는 것이 좋다. 어르신들의 경우 30분 정도 되면 집중력이 흐트러지므로 그 순간 새로운 도구나 놀이로 전환하면서 분위기를 바꿔본다.

본 수업(놀이, 레크, 체조 등)도 30분을 넘지 않는 것이 좋다.

인원이 많은 곳에서는 순서대로 놀이를 진행하다 보면 30분이 경과하는 경우도 있지만 반복되는 놀이를 30분 넘게 진행하다 보면 쉽게 지루함을 느낄 수 있다.

● 전반 30분의 구성

1. 오프닝

교육의 시작을 알리는 것으로 보통은 인사 손유희를 활용하여 진행한다.

1주일 만에 만나는 강사 또는 친구들과 반갑게 인사를 하거나 관계 형성 운동을 한다.

2. 출석 부르기

이름이란? 맨몸으로 태어나 우리가 받게 되는 첫 선물이며, 나의 영혼과 육체를 대표하여 또 다른 나를 표현하는 것이며, 나의 정체성과 존재감이 시작되는 소중한 것이다. 어린 시절에는 많이 불리던 이름은 성인이 되면서 '누구의 엄마', '누구의 부인', 또는 직함으로 불리고, 퇴직 후의 노인들은 '김씨'등 성을 부르거나 '안동댁'처럼 고향이나 특이점 등을 호칭으로 사용한다. 아파트가 생겨난 이후에는 '102동' 이나 '2003호'처럼 동호수를 부르기도 한다.

경로당이나 복지관 등에서 몇 년을 함께 지낸 분들도 함께하는 분의 이름을 모두 알거나 기억하지 못하며 알던 이름도 잊어버리기도 한다.

출석 손유희를 통해 함께 수업을 받는 친구들의 이름과 나의 이름을 많이 불러주어 관계 형성을 좋게 하고, 이름을 외우는 과정은 인지력 향상에 도움을 준다.

출석을 부른다는 것은 보통 강사가 학생들의 이름을 부르며 수업에 참여하는 것을 확인하는 방법이지만 어르신들의 수업에서는 자신을 사랑하고 자신을 표현하는 도구로 활용된다. 재미있고 다양한 출석 부르기 미션을 완료하면서 어르신들의 표현력이 좋아지고 미션을 인지하고 송출하는 능력도 향상된다.

출석 부르기를 진행하는 가장 큰 이유 중 하나는 어르신들의 목소리를 밖으로 드러내게 하기 위함이다. 소극적인 어르신들의 경우, 수업에 참여만 할 뿐 말 한마디 하지 않는 분들이 계신다. 출석 부르기를 통해 어르신 개개인의 건강상태도 확인하고 수업에 적극적으로 참여할 수 있도록 자신감을 북돋울 수 있다.

* 주의 20명 이상의 교육일 경우 자칫 출석 부르기가 지루하게 느껴질 수도 있으니 이 경우에는 '외치기'를 통해 단체로 출석 부르기 방법으로 진행한다.

● 후반 30분의 구성

3. 본 수업

그날의 놀이도구나 교구를 활용하여 다양하게 풀어낸다. 주의점은 준비한 도구를 단순히 율동 한 두개 하는 용으로 사용하는 것이 아닌 도구의 특성을 적극 활용하여 어르신들에게 알맞게 사용해야 한다. 어떤 도구든지 대상자에게 알맞게 사용해야 하며 강사의 역량은 한정된 도구를 얼마나 다양하게 활용할 수 있냐에 따라 수준이 달라진다.

본 수업의 이상적인 구성은 도구를 활용한 운동적 접근, 놀이적 접근, 인지적 접근, 관계 형성적 접근이 동시에 이루어지면 좋다.

4. 클로징

교육의 끝남을 알리는 것으로, 긍정적 단어로 구성된 구령을 외친다.

● 강사 스킬

1. 오프닝과 클로징에 가장 중요한 작업은 안전 점검이다.
2. 강사는 시작 전 의자나 책상의 배치, 이동 중 장애물 등을 잘 살펴봐야 하고 위험 요소는 반드시 제거해야 한다.
3. 어르신들의 건강상태 관리가 가장 중요하다. 건강이 안 좋은 상태에서 무리하게 교육을 받다가 쓰러지는 상황이 발생 한다면 강사로서 큰 책임을 져야 할 수도 있다.
4. 보통 복지관이나 노인주간보호센터 담당 요양보호사나 복지사가 출결 관리 및 안전 점검을 하지만 교육 중에 일어나는 안전관련 사항은 모두 강사의 몫이다.
5. 관리자가 없는 경로당 같은 경우에는 강사가 관리자의 역할도 해야 한다. 어르신의 교육은 안전한 교육이 최고다.

● 강의 계획표

전반 30분 수업 구성
1. 오프닝
2. 출석 부르기
3. 몸 풀기
4. 뇌 활성화
5. 오늘의 율동

주(메인) 30분 수업 구성
6. 오늘의 운동(활동)
①
②
③
④

● 강의 계획표 예시

전반 30분 수업 구성

1. 오프닝 - 굳굳 베리 굳
            박장대소
2. 출석 부르기 - 여기! 여기! 댄스 출석
3. 몸 풀기 - 야야야 (이박사)
            건강박수2 (내 나이가 어때서)
4. 뇌 활성화 - 손가락 가족 / 방귀 가족
            칭찬 관계 운동
            복습 (해자로 끝나는 말은)
            복습 (얼굴별명 / 몸통별명)
5. 오늘의 율동 - 갑돌이와 갑순이

주(메인) 30분 수업 구성

6. 오늘의 운동 eva 원형 칩 놀이
 ① 두 팀으로 나누기-팀 응원전
 ② 알까기 놀이-개인전 / 단체전
 ③ 팀 별 색깔 맞춰 빨리 뒤집기
 ④ 쌓기 (개인전 / 단체전)
 ⑤ 도형 만들기
 ⑥ 책상 위 별 만들기
 ⑦ 두 팀 (하트 만들기)

3. 놀이의 종류

놀이의 종류는 분류방법에 따라서 다양하게 나타난다.

사회적 형태로 분류하면 혼자 놀이, 병행 놀이, 연합놀이, 협동(그룹)놀이로 나눌 수 있고, 장소에 따라서는 실내놀이와 실외놀이로 분류된다. 기능적으로 분류하면 탐사 놀이, 창작 놀이, 상상 놀이, 인지적 놀이, 모방놀이, 수용놀이, 구성 놀이로 나눌 수 있고, 규칙과 의지에 따라 분류하면 경쟁 놀이, 모방 놀이, 현기증 놀이, 우연 놀이로 분류할 수 있다.

1) 사회적 형태 분류
(1) 혼자 놀이 : 대화할 수 있는 거리에서 각각 자신의 놀이를 하는 것
(2) 병행 놀이 : 같은 종류의 장난감을 두고 나누면서 각각 놀이를 하는 것
(3) 연합 놀이 : 비슷한 종류의 놀이를 함께 하는 놀이의 형태
(4) 협동 놀이 : 여러 명이 공동의 목표를 달성하기 위해 협동해서 하는 놀이

2) 장소에 따른 분류
(1) 실내 놀이 : 실내에서 이루어지는 놀이
(2) 실외 놀이 : 실외에서 이루어지는 놀이

3) 기능에 따른 분류
(1) 탐사 놀이 : 알지 못하는 사물이나 내용을 조사하는 놀이
(2) 창작 놀이 : 새로운 것을 창작하는 활동, 소근육과 뇌 활성화에 좋은 놀이
(3) 상상 놀이 : 역할, 행동, 사물, 언어 등을 상상력에 의해 표현하는 놀이
(4) 인지적 놀이 : 경험을 통하여 학습이 이루어지는 놀이
(5) 모방 놀이 : 모방을 통해할 수 있는 놀이

4) 규칙과 의지에 따른 분류
 (1) 경쟁 놀이 : 의지도 있고 규칙이 있는 놀이
  체스, 당구, 바둑, 달리기, 스포츠 경기 등
 (2) 모방 놀이 : 의지는 있지만 규칙은 느슨한 놀이
  소꿉놀이나 가면놀이 등
 (3) 현기증 놀이 : 의지도 규칙도 없는 놀이
  그네, 미끄럼틀, 시소, 롤러코스터 등
 (4) 우연 놀이 : 규칙은 있지만 의지는 반영하지 못하는 놀이
  룰렛, 윷놀이, 주사위를 이용한 놀이 등

 이 책에서의 놀이는 노인 맞춤형으로 분류하여 도구 놀이, 인지 놀이, 뉴 스포츠형 놀이, 창작 도구 놀이로 나누어 소개하고자 한다. 이외에도 전래놀이, 회상 놀이, 미션 놀이, 관계 형성 놀이, 레크레이션형 놀이 등 다양하게 나눌 수 있지만 우선 현장에서 가장 반응이 좋았던 놀이 방법을 자세하게 풀어보려고 한다.

5) 노인 맞춤형 놀이의 분류
 (1) 도구 놀이 - 교육교구가 아니더라도 생활용품이나 간단한 도구를 이용한 놀이
 (2) 인지 놀이(치매 예방 놀이) - 기억력, 언어능력, 시공간 능력, 실행 기능, 주의 집중력, 지남력, 문제 해결 등 치매 관련 인지와 관련된 기능을 향상시킬 수 있는 활동이나 놀이
 (3) 뉴 스포츠형 놀이 - 뉴 스포츠는 기존 스포츠 종목의 규칙과 용구 등을 간소화 하여 사람 들이 쉽게 경기를 즐길 수 있도록 만든 새로운 형식의 스포츠를 이야기 한다. 본 교재에서 말하는 뉴 스포츠형 놀이는 뉴 스포츠 용구나

규칙을 노인에게 맞게 변형하여 즐기는 놀이 를 말한다.

(4) 창작도구 놀이 – 노인에게 알맞게 직접 제작한 도구를 활용한 놀이

● 본 교재에서 다루는 놀이 종류

Ⅰ. 도구 놀이	Ⅱ. 인지 놀이(치매예방놀이)
1. 마라카스 놀이 2. 탁구공 놀이 3. 접시 놀이 4. 집게 놀이 5. 풍선 놀이 6. 저글링 스카프 놀이 7. 개구리 놀이 8. 주사위 놀이 9. 복조리 놀이 10. 짚신 놀이 11. 연탄 놀이 12. 휴지 운동회 13. 젓가락 놀이 14. 노끈 놀이 15. 미니 의자	1. 신문지 놀이 2. 마시멜로 성 쌓기 3. 낱말 속담 맞추기 놀이 4. 신호등 놀이 5. 실버빙고놀이

Ⅲ. 뉴 스포츠형 놀이	Ⅳ. 창작 놀이
1. 컵 놀이 2. 토스볼 놀이 3. 볼로볼 놀이 4. 플라잉원반 놀이 5. 오고디스크 놀이 6. EVA원형 칩 놀이 7. 플레이 스쿠프 놀이	1. 원목 자치기 놀이 2. 써클볼 놀이 3. 소쿠리 블랙홀 놀이 4. 아이스크림 놀이 5. 파리채 놀이 6. 뒤집기 놀이 7. 사랑의 전구놀이 8. 병뚜껑 하드스틱 놀이 9. 너트 놀이 10. 색 파레트 놀이 11. 뚫어 뻥 놀이 12. 원목 빙고

통합 놀이 실제

integrated play practice

1. 도구놀이
2. 인지 놀이 – 치매 예방 놀이
3. 뉴 스포츠형 놀이
4. 창작 놀이

1. 도구놀이
parish play

01. 마라카스
02. 탁구공 놀이
03. 접시 놀이
04. 집게 놀이
05. 풍선 놀이
06. 저글링 스카프 놀이
07. 개구리 놀이
08. 주사위 놀이
09. 복조리 놀이
10. 짚신 놀이
11. 연탄 놀이
12. 휴지 운동회 놀이
13. 젓가락 놀이
14. 노끈 놀이
15. 미니 의자 놀이

01 마라카스

(1) 도구 준비 및 제작

 마라카스는 흔들어서 소리를 내는 체명악기로 한 손에 하나씩 손잡이를 쥐고 흔들어서 연주하는 타악기이다. 도구 놀이에 사용되는 마라카스는 페트병이나 막걸리병 등을 사용하여 만든다. 도구 놀이로 사용되는 마라카스는 단순히 흔들어 연주하는 것이 아니라 몸이나 바닥, 책상 등을 두드리며 사용한다.

 페트병은 손잡이가 잡기 좋아야 하고 적당한 두께감이 있는 것으로 선택하면 좋다. 너무 얇은 병은 몇 번 쓰지도 못하고 쉽게 찌그러지고, 두꺼운 병은 몸을 두드릴 때 많이 아픈 이유로 적당한 두께를 선택해야 한다.

 참고로 막걸리병을 사용하고자 할 때는 빈 병을 구매하여 사용하기를 권장한다. 막걸리병은 아무리 세척을 해도 냄새가 빠지지 않고 여럿이 활동할 때 그 냄새가 고약하다. 재미를 위하여 막걸리 병을 사용하시는 분들도 있으나 저자는 추천하지 않는다. 대상자들이 많아 그 수가 40~50명인 기관의 경우 한 사람당 막걸리 병 두 개 씩 잡는다면 100개 정도의 병이 필요한데 부피가 너무 커서 보관 및 관리가 힘들다. 그러므로 저자는 탄산수 병을 사용한다. 건조 후 냄새도 없고 적당히 단단하고 깔끔하며 부피도 작아 보관하기도 좋다.

병이 준비되면 속에 들어갈 재료를 선택해야 하는데 저자는 흰 쌀을 이용한다. 그동안 다양한 재료를 사용해 봤지만 여러 가지 이유로 실패를 겪어야 했다. 콩이나 팥은 뚜껑을 닫아 놓아도 벌레가 생겼으며, 색 돌은 색은 예쁘나 부서지면 완전 가루가 되며 색도 사라져 버린다. 비비탄 총알은 벌레도 없고 부서지지도 않지만, 여럿이 사용하는 경우 소음이 상당하며, 특유의 찢어지는 소리가 나서 특히 어르신들의 수업에는 추천하지 않는다.

> ✔ **운영팁**
> 대상자들은 병 안에 들어 있는 재료에 관심을 보이는데 그때 지도자는 "속 시원하게 두드려서 스트레스 모두 날려버리고 가루로 만들어 떡 해먹어요!" 라는 멘트를 하며, 대상자들을 독려한다.

(2) 만드는 법

적당한 페트병을 준비하고 흰 쌀은 작은 티스푼으로 1~1.5 스푼 정도 넣고 뚜껑을 밀봉한다. (가끔 열어보는 대상자들도 있음) 병은 시트지 등으로 꾸며도 좋지만, 오랫동안 사용해본 결과 금방 지저분해지고, 만드는 시간도 상당히 소요됨으로 깔끔하게 병 그대로 사용하는 것을 추천한다.

① **준비물**

마라카스, 음향기기, 음원

② **마라카스 프로그램 구성**

- 흔들며 노래하기 : 개나리 처녀
- 소리치기 : 사랑하는 사람이거나 좋아하는 것을 크게 말하며 두드리기
- 가라가라 : 지금 내 몸에서 당장 사라졌으면 하는 것
- 마라카스 율동 : 굳세어라 금순아
- 나에게 칭찬하기 : 크게 말하기
- 친구들에게 행복, 건강 기운 넣어주기
- 마라카스 자기안마 율동 : 그대 없이는 못살아
- 클로징 : 박수 10번치고 사랑합니다.

　마라카스 수업은 첫 시간에 많이 활용한다. 서로 모르는 사이로 얼굴을 마주하는 첫 만남은 탐색하는 과정을 거치기 때문에 어색하다. 어르신들의 경우 묵묵히 서로 지켜보기만 하고 따라주지 않는 일종의 텃새를 부리기도 한다. 이는 자연스러운 상황이며 첫날, 첫 시간에 지도자가 수업의 주도권을 잡지 못한다면, 앞으로의 여정은 험난할 것이다. 마라카스 수업의 제 1목표는 대상자들의 호응 정도와 상태를 파악하는 것으로, 각 파트마다 대상자들의 정도를 꼭 메모해 두었다가 이후 프로그램의 강약조절에 참고한다.

✔ **지도자 스킬**

초보 지도자의 경우 어색함을 없애고자 쓸데없는 말을 많이 하는 경우가 있는데 주의해야 한다. 말을 많이 하다 보면 하지 말아야 하는 말들도 나오며, 지도자의 치부도 드러날 수가 있다. 초보 지도자들이 가장 많이 하는 말실수 중의 하나는 강의 경험 여부에 관하여 너무 사실적으로 이야기하는 것이다. 처음, 초보, 떨림 등의 말은 되도록 하지 않는 것이 좋다.

(3) 지도요령

① 흔들며 노래하기 : 개나리 처녀

마라카스에 사용하는 음악은 빠른 템포의 곡을 선택하거나, 대상자들이 가사 없이도 따라 부를 수 있는 노래가 좋다. 어르신 수업에는 [개나리 처녀]를 주로 사용한다. 마라카스를 먼저 받는 순서대로 두드리며 노래를 따라 부르게 유도하고, 대상들이 도구를 모두 받은 후에는 더 크게 노래하며 더 신나게 두드리게 한다.

② 소리치기 : 사랑하는 사람이거나 좋아하는 것을 크게 말하며 두드리기

노래를 부르고 나서 [지금 이 순간 생각나는 사랑하는 사람]이나 [지금 이 순간 생각나는 가장 먹고 싶은 것] 등을 이야기하며 크게 소리친다. 이는 소리를 유도해 내는 방법으로, 좋은 기운의 예시를 들어주고 잠시 생각하게 한 뒤 모두 다 같이 외쳐보게 한다. 대상자의 호응이 좋으면 개인적으로 외칠 수 있게 유도한다. 이때 지도자는 예시를 먼저 보여준다. [00야 사랑한다.~~~~!], [삼겹 살~~!] 등을 외치며 마라카스를 두드린다. 지도자의 리드가 크고 좋을수록 대상자들이 더 크게 소리를 낸다.

> ✓ **지도자 스킬**
> 어르신들의 수업 중 [좋아하는 음식]이나 [꽃이름]의 경우 생각나지 않거나 인지가 안 되어 앞사람이 하는 말을 그대로 따라 대답하는 경우가 있다. 그럴 때는 다른 답을 할 수 있도록 유도하는 질문을 하되 한 사람 앞에 너무 오래 머무르지 않도록 한다.

③ 가라가라 : 지금 내 몸에서 당장 사라졌으면 하는 것

좋아하는 것을 이야기했다면 싫어하는 것을 버리는 것으로 자연스럽게 이야기를 이어가는 것이 좋다. 어르신들은 부정적인 단어를 떠올리거나 말하는 것을 좋아하지 않는다. 그러나 건강을 해치 는 것들이나 아픈 부위들은 크게 대답한다.

[지금 내 몸에서 당장 사라졌으면 좋은 것]이나 [가장 아픈 곳을 날려 버리자]는 질문으로 소통하 며 수업을 이어간다. 아픈 부위는 따라 말하지도 않으며 소리도 더 크게 내는 경향이 있다. [가라 가라 가라 가라 디스크야! 가라!] [가라 가라 가라 가라 뱃살아! 가라!] 등 스트레스가 날아갈 수 있게 뒤에 [가라!] 하고 외치는 순간에는 더 크게 마라카스를 내려친다.

④ 마라카스 율동 : 굳세어라 금순아

두세 가지의 프로그램을 진행한 후에는 음악이 들어가는 것이 좋다. 집중력이 흩트러질 수도 있고 분위기를 전환할 필요도 있기 때문이다. 도구 율동의 동작은 가급 간단하게 하고 동작에 스토리를 입히는 방법도 추천한다. 마라카스 율동 굳세어라 금순아를 배워보자.

[굳세어라 금순아]

가 사	눈보라가 휘날리는
율동1	오른쪽 하늘 박수2/왼쪽 하늘 박수2/오른쪽 아래 박수2/왼쪽아래 박수2
가 사	바람찬 흥남부두에
율동2	마라카스를 양쪽 어깨 위에 올리고 으쓱4
가 사	목을 놓아 불러봤다
율동1	오른쪽 하늘 박수2/왼쪽 하늘 박수2/오른쪽 아래 박수2/왼쪽아래 박수2
가 사	찾아를 봤다
율동2	오른쪽 하늘 박수2/왼쪽 하늘 박수2/오른쪽 아래 박수2/왼쪽아래 박수2
가 사	금순아 어디로 가고
율동3	양쪽으로 팔을 벌리고 7박자 옆으로 털며 위로 올라가 8에 마주친다.
가 사	길을 잃고 헤매었던가
율동4	다시 양쪽으로 팔을 벌리고 7박자 옆으로 털며 아래로 내려가 8에 마주친다.
가 사	피눈물을 흘리면서 일사이후 나 홀로 왔다
율동5	양 팔을 앞으로 뻗어 2번 털고 내 어깨 두 번 친다) X4

⑤ 나에게 칭찬하기 : 크게 말하기

　마라카스 놀이의 주목적은 발산이다. 즉 자기가 가지고 있는 감정의 정도를 밖으로 들어내서 해소 하거나 잠재해 있는 끼를 끄집어내어 표현하는 등의 활동이다.

　자신을 돌아보고 자존감을 높이는 방법 중에 가장 좋은 것은 자신을 칭찬하는 것이다. 쉬워 보이는 방법이고 좋은 것을 알면서도 대부분의 대상자들은 자신에게 칭찬하는 것을 어려워한 다. 먼저 지금부터 자신에게 칭찬을 해 준다고 이야기를 한 후에 마라카스를 한 손 높이 들고 [야~~! ○ ○ ○ ~~]하고 외치게 한다. 충분한 소리가 나올 때 까지 2~3회 정도 반복하고 난 후에 자신에게 주는 칭찬 3가지를 말하게 한다. 대부분 말을 못하거나 웃어버린다. 이 때 지도자가 다른 사람 들을 칭찬하라고 하면 칭찬할 것을 찾아보려고 노력하는데, 정작 자신을 칭찬하라고 하면 대부분 쉽게 찾지 못하고 많은 고민을 한다. "그동안 나를 살아오게 해 준 멋진 나를 위해서 앞으로 하루 에 한가지씩 칭찬하고 100일 동안 모아보세요." 하고 메시지를 전달하면서 칭찬을 할 때는 크고 멋지게 하기로 약속하며 다시 한번 더 외쳐보도록 한다.

　[야! ○○○! 멋지다! / 잘났다! / 잘한다!]를 모두 외친 후 대상자 중 수업에 적극적인 분 중 1~2명을 선정하고, 출강한 기관의 관리자(회장,총무, 담당자 등) 중 한1~2명을 선정하여 크고 멋지게 자신에 게 칭찬하기를 한 번 더 외치게 하고 전원 큰 박수로 칭찬한다.

⑥ 친구들에게 행복, 건강 기운 넣어주기

　수업을 받는 대상자의 수가 30명을 넘거나, 일시적으로 모여진 그룹의 경우에는 이 파트는 건너뛰 고 다른 것으로 대체하는 것이 좋다. 시간이 오래 걸리기도 하고 일시적으로 모인 단체에게는 크게 의미 없는 활동이다.

　노인주간보호센터의 경우 대상자가 40~50명이 되더라도 일 년에 1회기 정도는 진행하는 것도 좋다. 이 활동의 주목적은 이름 외우기로 함께 수업하는 공동체의 다른 사람에게 관심을 가지고 이름을 외워 불러줌으로 친밀감을 높이고 연대감 및 소속감을 느낄 수 있게 한다.

이 활동은 [박수 한 번] 하고 외치면 [짱]이라고 답하며 마라카스를 한번 친다. 박수 두 번은 [최 고], 박수 세 번은 [0 0 0]하고 이름을 불러준다.

먼저 저자의 이름으로 연습을 해보자.

[짱! 최고! 김지혜!]라고 모두 함께 외쳐주면 이름의 주인공은 [감사합니다]라고 한다.

맨 앞에 있는 사람부터 차례대로 진행하며, [더 건강하기를 기원하며 큰소리로 외쳐봅시다]라고 이야기한 후 활동을 이어간다.

⑦ 마라카스 자기 안마 율동 : 그대 없이는 못살아

지금 함께 해주는 친구들과 즐겁고 행복하게 살려면 자기가 건강해야 하며 내 몸은 내가 지킬 수 있다는 메시지를 전달하며 율동의 스토리를 풀어낸다.

먼저 머리부터 발끝까지 구령을 외치며 시원하게 두드려 준다. [하나, 둘, 셋, 넷 하고 지도자가 선창하면 다섯, 여섯, 일곱, 여덟이라고 대상자들이 후창하게 한다.]

충분히 본인의 몸을 두드린 후에 [그대 없이는 못살아] 율동을 진행한다.

[그대 없이는 못살아]

가사	좋아해 좋아해 당신을 좋아해
율동1	오른손으로 왼어깨 4/ 왼손으로 오른어깨4/오른손으로 왼다리4/왼손으로 오른다리4
가사	저 하늘에 태양이 돌고 있는 한
율동2	(오른손으로 왼발들어 때리고1 내리고1/ 왼손으로 오른발 들어 때리고1 내리고1)
가사	당신을 좋아해
율동3	돌리기(구리구리구리구리)4 / 마주치며4 외치기(하하하하)
율동	[그대 없이 못 살아]는 총 3절로 구성되어 있고 1절에 율동1,2,3번을 3번 반복함

1절, 2절, 3절 모두 율동1과 율동2는 동일하나, 율동3에 돌리기(구리)4 이후 다름
- 1절 좋아해 : 마라카스를 마주치며 하하하하[외침]
- 2절 사모해 : 마라카스를 마주치며 호호호호[외침]
- 3절 사랑해 : 짝과 마주보고 어깨를 흔들며 아~~~~잉[애교발사]

⑧ 클로징 : 박수 10번 치고 사랑합니다.

준비한 활동이 끝나면 지도자는 이날 수업을 간략하게 정리하면서, 꼭 기억해야 하는 부분이나 의미를 되짚어 주고 마무리 인사를 한 후 끝낸다.

마무리하는 활동을 클로징이라 칭하며 클로징은 지도자가 원하는 대로 개성 있게 만들어 사용하는 것을 추천한다.

오프닝과 다르게 매일 바꿀 필요는 없으나 몇 가지는 만들어 두고 돌아가면서 사용하는 것도 좋다. 저자는 [박수 10번치고 사랑합니다] 하고 마무리하는 편이다.

02 탁구공 놀이

(1) 도구 준비 및 제작

 탁구공은 가볍고 저렴하여 쓰임새가 많은 도구 중의 하나이다. 탁구공 놀이만 잘 정리해 두어도 놀이, 레크, 인지 수업 등에 다양하게 활용할 수 있다. 본 교재에는 2회~4회 수업을 할 수 있을 정도로 구성하였다. 수업시간과 장소에 따라 적당한 것들로 골라 수업하기를 추천하며, 더 다양한 놀이가 있으니 지도자들도 연구해보기 바란다.

(2) 탁구공 놀이 종류

① 탁구공 튕겨 넣기 : 삼각 틀

✓ **만드는 법**

　삼각 틀을 만드는 재료는 종이컵, 플라스틱 컵, 테이크아웃 컵 등 다양하지만 저자는 사용법에 따라 3가지로 만들어서 사용 중이다. 도구는 단단하게 만들어 따로 보관하는 것이 좋고 종이컵처럼 쉽게 찌그러지거나 약한 재료는 1회 정도 사용하고 버리는 것이 좋다.

- 책상 위에서 낮게 튕겨 경기하는 경우에 사용하는 작은 플라스틱컵 10개를 4개, 3개, 2개, 1개 순으로 붙인다. 바닥은 우드락이나 폼보드를 사용하고, 접착은 우드락 본드, 강력 양면 테이프, 글루건 등으로 고정한다.
- 바닥에서 하는 경기는 높은 틀에 넣을 수 있게 테이크아웃 컵 중에 입구가 좁고 긴 것을 선택한다. 만드는 방법은 첫 번째와 같다.

> ✓ **지도자 스킬**
> 저자가 자주 가는 커피숍에 원하는 크기의 컵이 있어 사용 후 수거한 컵들을 가져와 깨끗이 세척해서 사용했다. 생활용품이나 재활용품을 이용하여 수업하는 것은 재미와 인지 자극에 좋으나, 지저분하거나 너무 허술하게 만들면 안 된다. 지도자의 이미지는 깔끔하고 전문적이어야 하는데 얼룩이 지거나 파손된 재활용품 도구는 전문성이 결여되어 보인다. 기왕 업사이클링 하여 도구를 만들려면 정성을 들여 만들기 바라며, 좋은 도구로 활용하여 지도자의 아이디어를 인정받기 바란다.

- 넓고 적당한 높이로 경기하기를 원한다면, 큰 휴지 심으로 제작하면 좋다. 큰 휴지 심은 식당이나 센터 등에서 쓰이는 롤 티슈의 심으로 주변 지인들에게 이야기하면 금방 모을 수 있다. 종이 심의 장점은 화려하게 꾸미기가 좋고,

접착도 잘되며, 비용도 거의 들지 않는다. 어르신들의 인지 수업으로 [놀이도구 만들기]를 하고 난 뒤에 모아서 붙이기만 하면 삼각틀이 완성된다. 종이 틀은 굳이 바닥이 필요하지 않으며, 양면테이프로 고정시킨 후 끈으로 단단히 묶어 사용하면 된다. 지도자가 장기적으로 사용하고자 제작하는 경우에는 바닥에 고정하면 좋다.

① **탁구공 결승 미션 계란판**

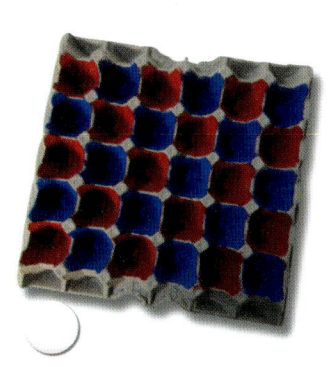

탁구공은 계란판과 한 세트라고 보면 된다. 그만큼 많이 활용된다. 튕겨 넣기할 때 계란판에 골인 시키기만 해도 점수를 획득할 수 있으나, 더 재미있는 경기 진행을 위하여 계란판에 색을 칠하고 다양한 미션을 만들어 둔다.

✔ **준비물**

탁구공, 놀이 컵, 미니 손잡이 소쿠리, 일회용 숟가락, 계란 판(인원수+10개), 미션 계란판, 삼각틀, 하트 종이

(3) 프로그램 구성

- 탁구공 릴레이 : 컵, 미니 손잡이 소쿠리, 숟가락
- 탁구공 키질 놀이
- 탁구공 튕겨 받기 : 계란 판으로 받기, 컵으로 받기
- 탁구공 굴리기 : 굴려 넣기, 굴려 컵으로 잡기
- 탁구공 튕겨 넣기 : 삼각 틀, 계란 판
- 탁구공 게임 : 사랑 잡기, 탁구공 숨기기
- 탁구공 결승 계란 판

✔ 프로그램 진행 방법

가. 탁구공 릴레이 : 컵, 미니 손잡이 소쿠리, 숟가락

　인원이 많은 곳에서도 간단하게 할 수 있는 경기로, 탁구공 경기의 시작이라고 볼 수 있다.

- **준비물** : 흰색 탁구공 30개, 주황색 탁구공 30개, 계란 판(인원수+10개), 투명 컵(테이크 아웃컵 추천), 미니 손잡이 소쿠리, 일회용 숟가락
- **진행방법**
  - 계란 판에 흰색 탁구공 30개와 주황색 탁구공 30개를 채워 넣는다. (주황색은 한국계란, 흰색은 미국계란이라고 말한다.)
  - 가장 처음 선수는 탁구공을 손으로 만질 수 있지만, 그다음 선수부터는 탁구공에 손이 닿으면 안 되고 해당 도구만을 이용하여 공을 옮겨야 한다.
  - 옮기는 중 탁구공이 떨어지면, 지도자는 공을 주워서 처음으로 가져다 놓는다. (경기 규칙은 미리 공지하여야 한다.)
  - 한 판을 먼저 채우는 팀이 승리한다.
  - 한 가지 도구로 3전 2선승제로 경기할 수도 있고, 처음에는 컵으로 옮기고, 두 번째는 숟가락 등 조금 더 난이도 높은 도구를 사용해서 경기를 진행해도 좋다.

나. 탁구공 키질 놀이

- **준비물** : 탁구공(인원수×5개), 계란판(인원수)
- **진행방법**
- 내 몸과 반대쪽 계란판 가장자리에 탁구공을 두고, 키질을 하여 몸 쪽으로 한 칸씩 이동하게 하는 놀이이다.
- 대상자의 수준에 따라 탁구공의 개수는 조절한다.(최소2개~최대5개)
- 나란히 둔 탁구공은 동시에 한 칸씩만 이동해야 한다. (동시에 이동하지 못하거나 두 칸 이상으로 이동할 경우 처음부터 다시 한다.)
- 경기는 1대 1로 하는 개인전과, 한 사람이 미션 완료 후 다음 사람으로 전달하는 릴레이 형식의 단체전으로 진행한다.

다. 탁구공 튕겨 받기 : 계란판으로 받기, 컵으로 받기

- **준비물** : 탁구공(인원수×5개 이상), 계란 판(인원수), 컵(인원수)
- **계란판으로 받기 진행 방법**
- 탁구공을 바닥에 튕겨 마주 앉은 파트너가 가지고 있는 계란판으로 받는 비교적 쉬운 경기이다.
- 두 사람의 간격은 1m 이상으로 정하고 공을 튕기는 지점은 두 사람의 가운데 쯤으로 한다.
- 튕기는 공의 수는 참여하는 인원수에 따라 다르게 조절한다.
  (최소5개 ~ 최대10개)
- 충분히 연습하고 나서 2인 1조로 경기를 진행한다.
- 탁구공을 가장 많이 받는 팀이 승리

- **컵으로 받기 진행방법**
- 책상을 가운데 두고 튕겨서 마주하고 있는 파트너가 가지고 있는 컵으로 받는 경기이다.
- 모든 규칙은 앞의 내용과 똑같으며 컵은 계란판 보다 받기 난이도가 높으므로 더 많은 집중력이 요구된다.

라. 탁구공 굴리기 : 굴려 넣기, 굴려 컵으로 잡기

- **준비물** : 탁구공, 투명 컵(6개~12개), 소쿠리(中), 책상
- **굴려 넣기 진행 방법**
- 긴 책상의 끝에 테이프를 이용하여, 컵을 매달아 놓고 반대쪽에서 굴려서 골인시키는 경기이다.
- 컵을 매달 때에는 나란히 달기도 하지만 듬성듬성 매달아도 재미있다.
- 손으로 굴리거나 다양한 도구로 쳐서 굴려 골인을 시킨다.
- **굴려 잡기 진행 방법**
- 넓은 책상 끝에서 탁구공을 굴려주면, 책상 양 옆에 서 있는 사람은 굴러오는 탁구공을 컵으로 잡는다.
- 연습 후에 익숙해지면 빠르게 굴러오는 탁구공을 많이 잡아 소쿠리에 넣는 사람이 이긴다.
- **응용**
- 팀당 탁구공 색을 지정해 주고 여러 가지 색의 탁구공을 무작위로 굴려주면 지정된 색은 잡아서 소쿠리에 넣고, 다른 색은 쳐낸다.

마. 탁구공 튕겨 넣기 : 삼각틀, 계란판

- **준비물** : 탁구공, 삼각 틀, 책상
- **삼각 틀에 넣기 진행 방법**
- 책상의 끝에 제작한 삼각 틀을 놓고, 시각지점과 바운딩 지점을 정해 준다.
- 시작점에 서서 탁구공을 바운딩 지점으로 튕겨 삼각 틀에 골인시키는 경기
- 탁구공 개수는 5~10개 정도로 참여 인원에 따라 정한다.
- 점수를 산정하는 방식은 어느 지점에 골인해도 1점으로 하면 되고, 삼각 틀 앞부터 4점, 3점, 2점, 1점으로 점수를 정해서 진행하는 방식도 있다.
- 경기 후 획득한 점수가 높은 팀이 승리한다.
- **계란 판에 넣기 진행 방법**
- 진행 방식은 탁구공 튕겨 삼각 틀에 넣기와 똑같다.
- 이 경우 팀별로 탁구공 색을 다르게 구분해야 한다.

바. 탁구공 게임 : 사랑 잡기, 탁구공 숨기기

- **준비물** : 탁구공(인원수×5개 이상), 계란판(2개), 하트모양 종이(여러 개)
- **사랑 잡기 진행 방법**
- 계란판에 있는 하트모양의 종이를 획득하는 경기이다.
- 먼저 계란판에 하트 모양으로 자른 종이를 무작위(15개 정도)로 놓는다.
- 시작지점에 서서 탁구공을 바운딩 지점으로 튕겨 계란판에 골인시킨다.
- 골인한 곳에 있는 하트종이는 가져가고 탁구공은 빼낸다.
  (골인한 곳에 하트 종이가 없어도 탁구공은 빼낸다.)
- 1명씩 교대로 경기를 진행하며, 많은 하트를 획득한 팀이 승리한다.

● 숨기기 진행 방법

- 레크레이션 현장에서도 자주 사용하는 경기이다.
- 놀이 컵 12개를 5~10cm정도 일정한 간격을 두고 일렬로 나란히 세운다.
- 마주보는 책상에도 똑같이 세팅한다.
- 놀이 컵 위에 탁구공 하나씩을 올려놓고 시작과 동시에 탁구공을 컵 아래로 숨기는데, 12개를 먼저 숨기는 사람이 승리한다.
- 레크레이션 현장에서는 위의 방법으로 진행하기도 하지만 다른 방법으로도 진행한다.
- 두 책상을 가로로 길게 나란히 붙여두고, 아래쪽 책상에는 12개 컵 위에 탁구공을 올려두고, 위쪽 책상에 왼쪽 6개는 컵 아래 공을 숨겨두고, 오른쪽에는 컵 위에 탁구공을 올려둔다.
- 한 선수는 아래쪽 책상에 맨 왼쪽에서 시작하고, 위쪽 책상에는 가운데 지점의 공이 숨겨져 있는 곳에서 시작한다.
- 시작과 동시에 아래쪽 선수는 컵에 공을 숨기며 시계반대 방향으로 돌고, 위쪽 선수는 숨겨진 탁구공을 꺼내어 컵 위로 올리면서 시계 반대 방향으로 돈다.
- 이번 경기는 어느 한쪽이 상대방을 따라잡아 몸에 터치하면 승리하게 된다.
- 공을 숨기는 시간보다 숨겨진 공을 꺼내는 시간이 더 걸리므로 꼭! 시작 지점을 다르게 해야 한다.

사. 탁구공 결승 계란판

- **준비물** : 탁구공(인원수×5개, 양 팀 다른 색으로 준비), 계란판(25개) 미션계란 판(미션 수대로)
- **진행 방법**
- 미션 계란판은 개인이 제작한 용도대로 사용하면 되는데 저자는 보통 결승 전에 많이 사용하는 편이다.
- 먼저 가운데 미션 계란판을 두고, 그 계란판을 둘러 8개의 계란판을 놓고, 다시 그 계란판을 둘러 16개의 계란판을 놓는다. (총 25개소요)
- 미션 계란판의 한 가운데는 5점, 그 다음 3점, 그 다음은 2점으로 하고 나머지 일반 계란판은 모두 1점으로 한다.
- 양 팀은 각기 다른 색의 탁구공을 던지는데, 한 사람씩 교대로 5개씩 던진다.
- 던져진 탁구공을 그대로 두고, 모든 팀원이 주어진 탁구공을 다 던진 후 최종 합산하여 점수를 계산 한다.
- 던질 때 주의점은 계란판에 바로 던지면 안 되고 반드시 바닥에 튕겨져 들어가야 하고 바운딩 지점은 정하지 말고 자유롭게 한다.
- 경기가 끝나고 최종 우승자를 선정해야 하는 경우 가장자리의 16개를 제거한 후에 진행한다.
- 이때는 미션 색깔 별로 상품을 지정해 두고 던져 넣는 사람에게 상품을 지급한다.
- 공의 개수나 횟수는 상황을 보고 적당하게 결정하여 지루하지 않게 한다.

03 접시 놀이

(1) 도구 준비 및 제작

　실버 체조에서 가장 많이 사용하는 도구로 접시를 들 수 있다. 접시는 얇아서 잡을 때 안 쓰던 손바닥의 안쪽 소근육을 사용하기에 자칫 손바닥에 통증이 생길 수도 있어 충분히 손을 풀고 시작하는 것이 좋다. 수업 진행 중에도 수시로 손을 풀어서 불쾌한 느낌이 들지 않게 한다. 접시는 체조 이외에도 다양하게 쓰이는 도구이므로 실버 지도자라면 꼭 구비하도록 하자.

✓ 만드는 법
　접시는 다회용 플라스틱으로 준비하면 되는데 보통 9호 정도면 적당하다. 지름은 23~25cm 정도이며 색상은 어떤 색이나 상관없으나 재질은 잘 깨지지 않지만, 색상이 있는 예쁜 접시는 깨져서 낭패를 보는 경우가 있다.

저자 역시도 살짝 두드려 보고 깨지지 않을 것 같아 구매했던 예쁜 색 접시가 수업 도중에 깨져서 위험했던 적이 있었다. 흰색 접시를 구매해 시트지나 자신만의 스티커로 꾸민 후에 사용하는 것을 추천한다.

✔ 준비물

접시, 음향기기, 음원, 풍선, 탁구공

(2) 프로그램 구성

① 스트레칭
② 중심잡기1(상체)
③ 중심잡기2(하체)
④ 접시로 박수치기-123박수, 멍, 삐악, 깽, 찌개박수, 춘향이 이몽룡 박수
⑤ 무릎, 세우고, 뒤집고, 반짝
⑥ 접시율동1-십오야
⑦ 접시 배구
⑧ 접시 탁구공 박수 치기
⑨ 접시 율동2-홍시

(3) 프로그램 진행방법

① 스트레칭

- 접시 두 개를 포개어 양손으로 잡고 팔목을 꺾으며 앞으로 밀기
- 접시 두 개를 포개어 양손으로 잡고 팔목을 꺾으며 위로 밀기

- 앞으로 민 상태에서 한 호흡으로 위로 올리고(하나, 둘, 셋, 넷), 오른쪽으로 내려가서(하나, 둘, 셋, 넷), 왼쪽으로 내려가서(하나, 둘, 셋, 넷), 뒤로 젖히고(하나, 둘, 셋, 넷), 천천히 앞으로 내려 와서 바로 한다.
- 접시를 등 뒤로 잡고 가슴 열기
- 양손에 접시를 하나씩 잡고 양옆으로 팔을 쭉 편 뒤에, 양손 위로 올려 접시를 교차시켜서 내리고 다시 위로 올려 교차시키기를 반복한다.
- 접시 두 개를 포개어 양손으로 잡고 자동차핸들 돌리듯이 끝까지 돌려서 유지하고, 반대 방향으로도 돌려서 유지한다.
- 접시를 허벅지에 끼워 한 다리씩 올리기 / 배에 힘을 주고 두 다리 올리기

① 중심잡기1 (상체)

- 양 손등에 접시를 올리고 중심을 잡은 다음 앞으로 뻗고, 위로 올리고, 옆으로 벌리고, 아래로 내려서, 다시 원래 위치로 온다. 이때 흔들리더라도 천천히 움직이게 하여, 앞, 위, 옆, 아래로 내리는 미션을 모두 완수하도록 한다.
- 같은 방법으로 주먹 쥐고 세운 다음 접시를 그 위에 올리기, 손끝에 올리기, 손가락 3개, 손가락 2개 순으로 올려서 앞, 위, 옆, 아래로 내리는 미션을 완수한다.
- 마지막에는 머리 위로 올려 중심을 잡게 한 후 옆 사람 쳐다보기 또는 춤추기도 진행해 본다.

③ 중심잡기2 (하체)

- 양 무릎 위에 접시를 올리고, 한 다리씩 천천히 들어본다.
- 중심이 잘 잡아지면, 조금 더 빠른 속도로 들어보고, 양쪽 다리를 동시에 들어보기도 한다.
- 양 무릎 위에 접시를 올리고, 앞으로 한 다리씩 천천히 뻗어본다.

- 중심이 잘 잡아지면, 조금 더 빠른 속도로 뻗어보고, 양쪽 다리를 동시에 뻗어보기도 한다.
- 위에 미션을 모두 완료 후에는, 양 다리에 접시를 올리고 음악에 맞춰 상하좌우로 흔들어 본다.
- 최대한 중심을 잡고 떨어지지 않도록 지도한다.

④ 접시로 박수치기-123박수, 멍, 삐악, 깽, 찌개박수, 춘향이 이몽룡 박수

- 접시로 박수를 치면 손으로 박수치는 것 보다 소리가 더 크게 나서 흥미를 끌기에 좋다.
- 박수 손유희를 다양하게 접목하면 좋다.

[123 박수]
- 하나, 하나 둘, 하나 둘 셋을 외치며 순서대로 박수를 친다.
- 반대로 외치면서도 쳐본다. 같은 방법으로 (멍, 멍멍, 멍멍멍), (삐악, 삐악삐악, 삐악삐악삐악), (깽, 깨깽, 깨갱깽)을 진행한다.

[찌개박수]
- 모르는 사람이 없을 정도로 다 아는 박수라서 모두 잘 따라한다.
- 접시를 바로 잡으면 '지글'을 외치고 접시를 뒤집어 잡으면 '보글'을 외치는 연습을 한 후 시작한다.
- 지글지글 짝짝, 보글보글 짝짝 / 지글짝, 보글짝 / 지글보글 짝짝

[춘향이 이몽룡 박수]
- 미니 역할극으로 두 사람이 짝을 지어 이몽룡 역할을 한 사람이 접시를 흔들며 "춘향아 춘향아 짝짝" 하고 나면 접시 2개를 들고 있던 춘향이가 접시 한 개로는 얼굴을 가리고, 나머지 접시로 는 엉덩이를 치며 "어데예 어데예 짝짝"하고 부끄러워한다.
- 주고받으며 역할극으로 진행해도 좋고 혼자서 하는 박수 손유희로도 진행하기 좋다.

- 춘향아 춘향아 짝짝, 어데예 어데예 짝짝 / 춘향아 짝, 어데예 짝 / 춘향아 어데예 짝짝

> ✓ **지도자 스킬**
> 역할극으로 진행할 때 박수를 치고 나서 이몽룡 역이 "이리와"하고 외치면 춘향이 역이 "아잉" 하고 안기는 것도 재미있다. 또한 억센 춘향으로 "춘향아" 부르면 "와이라노" 하고 신경질적으로 엉덩이를 두드리는 것도 재미있다. 이 경우 "이리와"하면 "됐거등요" 하면서 받아치는 것도 극의 묘미를 살려준다. 지도자는 남자 여자의 역할을 바꾸어 진행을 해보기도 하고 역할 놀이의 템포가 늘어지지 않게끔 조절을 잘해야 한다.

⑤ **무릎, 세우고, 뒤집고, 반짝**

- 접시를 이용해 쉬운 박수를 친 후 어느 정도 몸풀기가 끝나면, 인지 활동으로 421박수 기법을 활용해 박수를 친다.
- 이런 박수를 만들 때는 최대한 도구의 특성을 반영해서 만드는 것이 좋다.
- (무릎-접시로 양 무릎을 바로 내려친다), (세우고-접시를 세워서 양 무릎을 친다)
- (뒤집고-접시를 뒤집어 양 무릎을 친다), (반짝-접시를 위로 올려 돌린다)
- 무릎-세우고-뒤집고-반짝이라는 동작을 할 때는 똑같이 외치며 해야 한다.
- 예) 무릎 무릎 짝짝, 세우고 세우고 짝짝 / 박수도 칠 때 짝짝 이라 외친다.
- 무릎4 / 박수4 / 세우고4 / 박수4 / 뒤집고4 / 박수4 / 반짝4 / 박수4
- 무릎2 / 박수2 / 세우고2 / 박수2 / 뒤집고2 / 박수2 / 반짝2 / 박수2
- 무릎1 / 박수1 / 세우고1 / 박수1 / 뒤집고1 / 박수1 / 반짝1 / 박수1
- 무릎1 / 세우고1 / 뒤집고1 / 반짝1 / 박수4

⑥ 접시율동1 – 십오야

전 주	따따따 따따따따 따따따 따따따따 따따따 따따따따
율 동	신나게 춤을 추다가 준비하면 얍! 하고 접시를 양쪽 가슴에 갖다 댄다.
가 사	십오야 밝은 둥근 달이 / 둥실 둥실 둥실 떠오르면
율 동1	가슴에 접시를 갖다 대고 좌우로 흔든다. / 둥글게 돌려준다.
가 사	설레이는 마음 아가씨 마음 / 울렁 울렁 울렁 거리네
율 동1	가슴에 접시를 갖다 대고 좌우로 흔든다. / 둥글게 돌려준다.
가 사	하모니카 소리 저 소리 / 삼돌이가 부르는 사랑의 노래
율 동2	박수 4번치고 멋진 포즈로 스톱 / 박수 4번치고 멋진 포즈로 스톱
가 사	떡 방아 짓는 소리 저 소리 / 두근 두근 이쁜이 마음
율 동3	접시를 위 아래로 2번씩 4번치고 / 개다리 춤

⑦ 접시 배구

- 인원에 따라 다르게 구성 한다.
- 의자에 앉아 있는 사람 2명, 뒤에 서 있는 사람 2명이나 의자에 앉아 있는 사람 3명, 뒤에 서 있는 사람 2명으로 배치한다.
- [뒤에 너무 많이 세우지 않게 한다]
- 의자에 앉은 사람만이 상대방으로 풍선공을 넘길 수 있다.
- 뒤에 선 사람이 공을 상대방으로 넘길 수 없고(넘기면 1점 감점), 바닥에 떨어지지 않도록 하면서 자기편이 공격할 수 있도록 앉은 사람에게 넘겨준다.
- 풍선을 접시 두개로 잡을 수 없다.
- 가위 바위 보 이긴 팀 먼저 공격한다. [시작 후에는 실점한 팀이 공격한다]
- 앉은 사람은 시작과 동시에 아래로 내려꽂기 금지(속공)
- 앉은 사람은 자리에서 일어나면 안 된다.

⑧ 접시 탁구공 박수 치기

- 접시를 4개 준비한다.
- 소쿠리에 탁구공(칼라)을 준비한다.
- 빈 접시는 손을 세워 가리키며 하나라고 외친다.
- 공 하나가 있는 접시는 접시 앞에서 박수를 친다.
- 공 두 개가 있는 접시는 주먹으로 접시 앞에서 책상을 친다.
- 순서대로 미션을 완수시켜 본다.
- 익숙해지면 지도자는 탁구공을 위치를 바꿔보며 규칙을 숙지하고 있는지 알아본다.

⑨ 접시 율동2 - 홍시

가 사	생각이 난다 / 홍시가 열리면 / 울 엄마가 생각이 / 난다.
율 동1	(무릎2 박수2 가슴 활짝 열고 박수1) X4
가 사	자장가 대신 / 젖가슴을 내주던 / 울 엄마가 생각이 / 난다
율 동2	(한 손 앞으로 세워 고정하고 반대손 뒤로 3번 보내고 박수1) X4
가 사	눈이 오면 눈 맞을 세라 / 비가 오면 비 젖을 세라
율 동3	(한 손 옆으로 펴 고정 반대 손 반짝하며 고정된 손으로 가서 박수8) X2
가 사	험한 세상 넘어질 세라 / 사랑땜에 울먹일 세라
율 동4	양쪽으로 팔을 펴고 팔을 비틀고8 / 접시를 앞으로 X자로 긋기
가 사	그리워진다. 홍시가 열리면 울 엄마가 그리워진다.
율 동1	(무릎2 박수2 가슴 활짝 열고 박수1) X4
가 사	눈에 넣어도 아프지도 않겠다던 울 엄마가 그리워진다.
율 동2	(한 손 앞으로 세워 고정하고 반대손 뒤로 3번 보내고 박수1) X4

04 집게 놀이

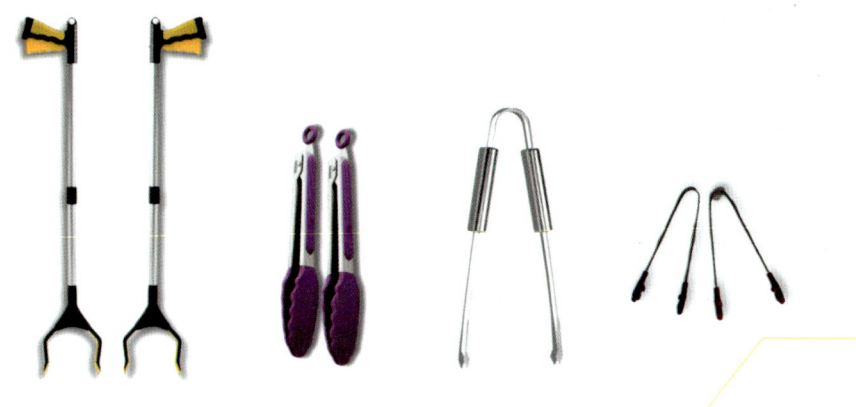

(1) 도구 준비

집게는 종류가 많아서 응용하면 꽤 많은 놀이를 만들 수 있다. 가정용 음식 집게부터 신발 집게 동물모양 집게 등 종류나 크기에 따라 천차만별이다.

(2) 프로그램 구성

① 빨래집게 놀이
② 小 집게 놀이 – 계란 판에 옮기기, 색 고르기
③ 中 집게 놀이 – 탁구공 잡기
④ 大 집게 놀이 – 접시 콘 위에 공 올리기, 놀이 컵 위에 공 올리기
   칼라 전구 불 켜기, 소쿠리에 담아 옮기기(릴레이)

(3) 프로그램 진행방법

① 빨래집게 놀이
- 준비물 : 빨래집게, 안대
- 진행방법
 - 두 사람을 마주 보게 한다.
 - 무릎이 닿을 정도의 거리를 두고 팔을 뻗어 상대편의 몸에 손이 닿는지 확인한다.
 - 빨래집게를 소쿠리에 담아 옆에 둔다.
 - 안대를 쓰고 소쿠리의 집게를 상대방 옷에 많이 집는 팀이 사람이 승리한다.
 * 주의 신체 부위를 꼬집지 않도록 주의한다.

② 소집게 놀이 - 계란판에 옮기기, 색 고르기
- 준비물 : 계란판, 폼폼이, 컬러탁구공, 작은 집게, 소쿠리
- 계란판에 옮기기 진행방법
 - 소쿠리나 바닥에 있는 폼폼이, 색탁구공을 집어 계란 판에 옮기는 놀이이다.
 - 인지정도나 손의 기능이 좋은 곳은 탁구공을 사용해도 좋으나, 그렇지 않은 곳은 비교적 덜 미끄러운 폼폼이를 사용하는 것이 좋다.
 - 두 명이상이 계란판 1개와 집게 1개를 들고 대기한다.
 - 폼폼이(탁구공)를 소쿠리나 바닥 등에 가득 담아 놓는다.
 - 시작과 함께 주어진 폼폼이를 계란판에 빨리, 많이 옮기는 사람이나 팀이 승리한다.
 미션 1) 똑같은 색 20개 빨리 담기, 주어진 색 30개 빨리 담기
 미션 2) 그림을 계란판에 먼저 그려 넣기, 무조건 많이 잡아넣기 등

- **색 고르기 진행방법**
- 두 가지 방법이 있다.
- 첫째 큰 소쿠리 1개를 준비해 여러 색의 폼폼이나 탁구공을 섞어 놓고 투명한 음료 컵이나 딸기다라이 등에 정해진 개수의 공을 집게로 먼저 옮겨 담는 팀이 승리한다.
- 이때 큰 소쿠리를 중심으로 양 팀 모두 서서 경기를 진행한다.
- 둘째 앞 경기가 1개의 소쿠리에 들어있는 공을 경쟁적으로 가져가는 놀이였다면, 이번에는 각자 중간크기의 소쿠리에 정해진 공을 넣어두고 빠르게 색을 골라 분류하는 경기이다.

규칙) 폼폼이나 공은 한 번 잡을 때마다 딱 하나의 공만 잡을 수 있다.

③ 중집게 놀이 – 집게로 탁구공 잡기

- **준비물** : 탁구공, 중간크기의 실리콘 집게, 작은 소쿠리
- **진행방법**
- 집게로 탁구공 잡기 경기는 바운드 되어 날아오는 탁구공을 말 그대로 집게로 잡는 경기이다.
- 탁구공이 의외로 미끄러워 집게는 끝에 실리콘 처리가 되어 있는 것을 사용하는 것이 좋다.
- 얼핏 보면 어려워서 어르신들이 못할 것이라 여기지만 여러 강의 처에서 진행해 본 결과 어르신들이 젊은 사람들보다 훨씬 정확하게 잡고 전달력도 좋다.
- 보편적으로 책상 위에서 경기를 진행하지만, 경로당처럼 책상이 좁거나 공간이 협소한 경우는 바닥에서 경기를 진행해도 무관하다.
- 두 사람이 짝이 되어 한 사람이 공을 튕겨 주면 나머지 한 사람은 집게로 잡는다.
- 공은 한 번만 바운드되어 오는 것만을 점수로 인정하고, 굴러오는 공이나 여러

번 튕긴 공은 잡더라도 점수로 인정하지 않는다.
- 충분히 연습을 하고 난 뒤 한 팀당 10번의 기회가 주어진다.
- 공을 많이 잡은 팀의 승리한다.

④ **대집게 놀이 - 접시 콘 위에 공 올리기**
　　　　　　　놀이 컵 위에 공 올리기
　　　　　　　소쿠리에 담아 옮기기(릴레이)

✓ **집게준비** : 큰 집게 놀이에서 긴 집게는 보통 신발 정리 용도로 쓰이는 다용도 집게를 말한다. 길이가 길어 접이식도 있지만 사용해 본 결과 놀이 용도로는 적합하지 않았다. 가격대 별로 기능에는 큰 차이가 없으니 저렴한 것으로 구입하면 된다.

- **접시 콘 위에 공 올리기**
  놀이 컵 위에 공 올리기 진행방법

- **준비물** : 긴 집게, 접시 콘(놀이 컵)
  볼풀 공, 큰 소쿠리, 콘과 컵은 5가지 색으로
  준비한다.
  (빨간색, 주황색, 노란색, 초록색, 파란색)
- 접시 콘을 색상별로 5장을 양 팀의 바닥에 깔아놓는다.
- 큰 소쿠리에 볼풀공을 섞어 두고 시작과 동시에 큰 집게로 볼풀공을 잡아 같은 색 접시 콘 위에 올린다.
- 볼풀공을 접시 콘 위에 빠르게 모두 올린 팀이 승리한다.
- 놀이 컵도 같은 방식으로 진행한다.

- **소쿠리에 담아 옮기기-릴레이 진행방법**
- **준비물** : 긴 집게 2개, 볼풀 공, 큰 소쿠리 4개, 중간 소쿠리 2개
 - 출발 지점에 큰 소쿠리에 많은 양의 볼풀 공을 넣어둔다. 두 팀이 함께 사용 가능하다.
 - 반대쪽에는 비어 있는 소쿠리를 각각 놓아둔다.
 - 한 명은 중간 크기의 소쿠리를 머리에 이고, 다른 한 명은 바닥의 공을 큰 집게로 집어서 머리에 이고 있는 소쿠리에 넣는다. 이때 몸을 숙여 주거나 머리에 이고 있는 소쿠리를 내려주면 안 된다.
 - 일정 시간 30초~1분 정도 지난 후 소쿠리를 이고 있는 사람이 반대편의 빈 소쿠리에 공을 붓고, 다시 와서 다음 사람의 공을 받는다.
 - 공을 잡아 넣는 사람이 순서대로 모두 참여하고 난 후에 모아진 바구니에 담긴 공의 최종 개수를 확인하여 많은 팀의 승리한다.

> ✔ **운영 Tip**
> 지도자나 담당자, 요양보호사들이 소쿠리를 이는 경우 한 사람이 계속 소쿠리를 이고 있고, 어르신들만으로 경기를 진행하는 경우는 2인 1조가 한 팀으로 경기를 하고, 다음 팀으로 넘기는 릴레이 방식으로 진행한다.

05 풍선 놀이

(1) 도구 준비

풍선을 준비 할 때는 대, 중, 소로 나누어 적당량 사놓는 것이 좋다. 고무 재질의 특성상 장기간 보관할 경우, 잘 터지거나 눌려 붙는 경우가 있다. 풍선 같은 소모품은 대용량을 여럿이서 함께 구매하여 나누어 사용하는 것이 경제적이다.

(2) 프로그램 구성

① 풍선 날리기
② 풍선 컵 날리기
③ 풍선 컵 옮기기
④ 풍선 끼고 달리기
⑤ 오자미 풍선치기
⑥ 풍선 놀이 (수업형)
- 손으로 풍선 치기, 풍선 던졌다 받기
- 접시로 풍선 치기, 접시로 풍선 옮기기
- 풍선 안마, 풍선 스토리텔링

(3) 프로그램 진행방법

① 풍선 날리기

- 준비물 : 풍선, 라인테이프, 에어펌프
- 진행방법
- 경기진행 선을 그어놓고 선수들이 나란히 선다.
- 시작과 동시에 같이 풍선을 불고 그만하면 풍선 불기를 멈춰야 한다.
  * **주의** 풍선의 낭비를 막고, 위생을 위해서라도 입으로 불기 보다는 풍선 펌프로 풍선을 부는 것을 추천한다. 특히 노인의 경우 폐활량 부족으로 풍선불기가 쉽지 않다. 이번 경기는 풍선 크기와 전혀 상관이 없다.
- 풍선 불기를 멈추고 입구를 손가락으로 잡고 대기한다.
- 한 명씩 풍선을 놓아 가장 멀리 보내는 사람이 승리한다.

② 풍선 컵날리기

- 준비물 : 풍선, 놀이 컵(종이컵), 라인테이프, 에어펌프
- 진행방법

- **진행방법**
  - 책상 두 개를 마주보게 하고 컵 12개씩을 나란히 올려놓는다.
  - 선수들은 나와서 책상 끝에 선다.
  - 시작과 동시에 같이 풍선을 불고 그만하면 풍선 불기를 멈춰야 한다.
  - 풍선 불기를 멈추고 입구를 손가락으로 잡고 대기한다.
  - 다시 시작을 외치면 풍선 바람으로 컵을 날아가게 한다.
  - 풍선 끝을 잡고 바람의 양을 조절하는 것이 포인트!

③ 풍선 컵 옮기기

- **준비물** : 풍선, 놀이 컵(종이컵), 라인테이프, 에어펌프

- **진행방법**
  - 책상 두 개를 마주보게 하고 컵 12개씩을 무작위로 올려놓는다.
  - 선수들은 에어펌프를 꽂은 풍선을 컵 안에 넣는다.
  - 시작과 동시에 에어펌프로 풍선에 바람을 넣어 컵을 들어 올려 이동시킨다.
  - 주어진 곳에 컵 12개를 모두 옮겨놓는 사람이 승리한다.

규칙) 바람을 넣은 상태에서 들고 가다가 떨어트리면, 처음부터 다시 시작한다.

④ 풍선 끼고 달리기

- **준비물** : 풍선, 라인테이프, 칼라 콘
- **진행방법**
  - 두 팀으로 나누어 선수들은 순서대로 서 있는다.
  - 다리 사이에 풍선을 끼고 시작과 동시에 달려서 반환점을 돌고 돌아와 다음 선수에게 풍선을 전달한다.
  - 마지막 선수까지 먼저 완주한 팀이 승리한다.

* **규칙** 빠르게 달리는 것도 중요하지만 풍선이 빠지면 다시 원래 자리로 돌아가 다시 해야 하니 최대한 풍선이 빠지지 않게 걷는 것이 포인트!

⑤ 오자미 풍선치기

- **준비물** : 풍선, 오자미, 훌라후프, 라인테이프
- **진행방법**

 - 두 팀으로 나누어 진행한다.
 - 경기선에서 1m50cm~2m정도 띄우고 훌라후프를 바닥에 두 개 설치한다.
 - 중간 크기의 풍선을 불어 같은 수로 훌라후프를 가득 채운다.
   (너무 큰 풍선은 몇 개 들어가지 않으니 중간 크기가 좋고 더 작은 크기도 2~3개 함께 넣어 주면 더 재미있는 경기가 된다.)
 - 오자미는 3개~5개를 지급하고 가위바위보를 한 뒤에 진 팀부터 한 개씩 훌라후프 안의 풍선을 향해 던진다.
 - 같은 수의 오자미를 던져서 더 많은 풍선을 훌라후프 밖으로 내보내는 팀이 승리한다.

* **주의** 경기를 세팅 할 때는 대상자들의 신체·인지적 수준을 보고 정한다.
  전반적으로 젊은 군에서는 경기선과 훌라후프의 간격을 2m 넘게 띄우고 오자미의 개수도 줄인다.

⑥ 풍선 놀이 (수업형)

 - 풍선을 가지고 게임이나 경기를 하기도 하지만 노인들의 신체 수업에도 다양하게 활용된다.
 - 풍선은 가지고 다니기도 편리하고, 혹시 모를 예비 프로그램으로 활용할 수 있으므로 항상 가지고 다니는 것을 추천한다.

- 준비물 : 풍선, 라인테이프, 접시, 매직

- 손으로 풍선 치기 진행방법
  - 일인 1개의 풍선을 지급하고 바람을 넣어준다.
  - 먼저 손바닥을 활용하여 풍선을 쳐본다.
  - 그 다음 주먹을 쥐고 풍선을 쳐본다. 풍선은 떨어트리지 않아야 한다.
  - 손날을 세워서 풍선을 쳐 본다. 양손을 번갈아 치게 한다.
  - 치는 것에 익숙해지면 이제는 손가락으로 쳐보는데 엄지부터 애지까지 모두 활용해서 순서대로 쳐본다.

  응용 온 몸을 활용하여 최대한 오래 풍선을 떨어트리지 않게 해본다.
  손을 제외한 머리, 무릎, 팔꿈치, 발, 어깨 등을 움직이게 한다.
  음악을 틀어 신나고 자유롭게 풍선을 치는 시간을 가진다.

- 풍선 던졌다 받기 진행방법
  - 풍선을 쳐올린 후 다양하게 받는다. 예를 들어 손으로 받기 엄지 두 개로 받기, 검지 두 개로 받기, 어깨로 받기, 머리로 받기 등
  - 마주 앉은 짝과 풍선을 쳐서 받는다. 1의 예시처럼 다양하게 진행한다.
  - 그 다음 두 사람을 한 팀으로 하여 풍선을 떨어트리지 않고 최대한 많이 주고 받는 팀을 뽑는 미니 게임을 진행한다.

- 접시로 풍선치기 진행방법
  - 접시 두 개로 풍선을 치는데 앞선 규칙과 같이 떨어트리면 안 된다.
  - 접시 두 개를 세워서 날로 풍선을 친다.
  - 충분히 연습하고 난 뒤, 접시 한 개로 바로 치기, 세워서 치기를 연습한다.
  * **주의** 두 개보다는 하나로 칠 때 더 집중해야 한다. 미니 게임은 접시 하나로 세워서 가장 많이 치는 사람이 승리한다.
  - 마주 보는 짝과 함께 접시를 활용하여 풍선 주고받는 놀이를 한다.

- **접시로 풍선 옮기기 진행방법**
  - 원형으로 앉아서 양손에 접시를 1개씩 들고 풍선을 1개를 준다.
  - 주는 사람이 풍선을 좌우로 잡아주면 받는 사람은 위 아래로 잡아 다시 옆 사람에게 준다.
  - 접시가 손이 되어 다음 사람에게 옮기는 작업으로 절대로 손이 풍선에 닿으면 안 된다.
  - 짧은 동요를 틀거나 함께 부르면서 풍선을 옮기다가 노래가 끝났을 때 풍선을 가지고 있는 사람 이 벌칙을 수행한다.
    (벌칙 댄스, 노래하기, 엉덩이 싸인 등)
  - 풍선 1개로 경기를 몇 회 진행하고 나서 풍선 2~5개를 인원에 따라 달리 투입한다.
  - 벌칙 풍선을 지정해 놓고 같은 방식으로 옮기다가 노래가 끝났을 때 벌칙 풍선을 가진 사람이 벌칙을 수행한다. 경우에 따라 풍선을 가진 사람 모두가 벌칙을 받기도 한다.

- **풍선 안마 진행방법**
  - 풍선 1개를 주고 자신의 몸을 머리부터 발끝까지 두드려 준다.
  - '몸통별명' 손유희를 활용하여 각 부위별로 별명을 불러주며 두드려주면 더 재미있게 진행할 수 있다.
  - 위에서 아래로 두드리고 두 번째는 아래에서 위로 두드려 올린다.
  - 지금 가장 아픈 곳이나 불편한 곳을 '쪽파, 대파, 양파, 안 아파'를 외치며 신나게 두드린다. (안 아파를 외칠 때 재미있는 모션을 하게 하는 것도 좋다.)
  - 내 몸을 충분히 두드렸다면 오른쪽으로 돌아 앞사람을 안마 해준다.
  - 머리, 어깨, 등, 다리 순으로 두드리며, 건강하세요, 행복하세요, 많이 웃어요, 사랑합니다! 하고 외쳐준다.
  - 뒤로 돌아 똑같이 친구에게 안마해 준다.

- **풍선 스토리텔링 진행방법**
  - 어르신들에게서 이야기를 이끌어내는 것은 쉬운 일이 아니다. 지도자는 더 좋은 강의를 위해서 그들로부터 이야기를 이끌어낼 수 있도록 하고, 이야기에 귀 기울일 필요가 있다.
  - 풍선 수업을 하고 나면 풍선에게 그날의 주제를 주고 실행하게 한다.
  - 예를 들어 풍선을 나라고 생각하고, 별명을 지어주거나 오늘의 나에게 하고 싶은 이야기를 하게 하고, 나를 괴롭히는 것들을 쓰도록 하여 이야기하게 유도한 뒤에 풍선을 터트리며 스트레스를 해소하는 것이다.
  - 풍선을 터트리는 것을 싫어하는 기관의 경우에는 지도자가 풍선을 띄워주면 어르신들이 접시나 플라스틱 야구 방망이 등으로 멀리 날려 보내는 것도 좋다.

06 저글링 스카프 놀이

(1) 도구 준비

 저글링 스카프는 시중에 판매하는 것을 구입하는 것이 가장 효율적이다. 원단을 구입해서 직접 만들 어 보기도 했지만, 비용이 더 들고 스카프 효율성도 떨어졌다.
 스카프는 아주 얇은 쉬폰 소재로 색상이 다양하면 좋고, 크기는 45cm×45cm, 60cm×60cm가 좋다.가격, 활용도 등을 따져보면 45cm를 추천한다.

(2) 프로그램 구성

① 스트레칭
② 스카프 율동1-사랑가
③ 저글링 놀이-던지기 잡기 유지하기
④ 저글링 스카프 놀이
⑤ 저글링 스카프 관계형성 놀이

(3) 프로그램 진행방법

① 스트레칭

- 준비물 : 저글링스카프
- 진행방법

가. 전신 깨우기
- 양손으로 스카프를 잡고 팔을 위로 쭉 올려서 전신을 늘려준다
- 양 옆으로 스트레칭 해주며 옆구리를 늘려준다
- 두 팔을 위로 뻗어 뒤쪽으로 등을 늘려준다

나. 스파인 트위스트
- 몸통은 정면으로 하고 스카프로 척추만 비틀기
  (골반은 움직이지 않고 몸통만 비튼다.)

다. 앞쪽 뻗기 (5초 정지 5회)
- 두 손으로 스카프를 잡고 한쪽 팔씩 교대로 힘을 주어 양옆으로 팔 뻗기

- 두 손으로 스카프를 잡고 한쪽 팔씩 교대로 힘을 주어 대각선 위로 팔 뻗기
- 두 손으로 스카프를 잡고 한쪽 팔씩 교대로 힘을 주어 대각선 아래로 팔 뻗기

라. 뒤쪽 등 뻗기 (5초 정지 5회)

- 두 손으로 스카프를 잡고 머리 위로 뻗어 올린 후 뒤로 천천히 팔을 접으며 내려준다.
- 양쪽 팔을 너무 많이 내려 목에 스카프가 닿지 않게 주의한다.
- 두 손으로 스카프를 잡고 뒤쪽으로 돌려 한쪽 팔씩 힘을 주어 대각선 위로 팔을 뻗어준다.
- 뒤쪽 아래로 스카프를 잡아 한쪽 팔씩 힘을 주어 양옆으로 팔을 뻗어준다.
- 스카프를 등 뒤에서 아래, 위로 잡고 아래(들숨), 위(날숨)로 호흡하면서 당겨준다.
- 위, 아래로 방향을 바꿔 같은 방법으로 한다.

마. 목운동 (5초 정지 5회)

- 목 뒤에서 스카프를 잡고 스카프로 머리를 감고 팔을 오므린 후 목을 아래로 당겨준다.
- 뒷 목에 스카프를 대고 당기며 뒤쪽 목을 이완 시켜준다
- 머리에 스카프를 두르고 한 팔로 오른쪽으로 당기면서 왼쪽 어깨에 힘을 빼준다.
- 같은 방법으로 왼쪽으로 당기면서 오른쪽 어깨에 힘을 빼준다.

② 스카프 율동1-사랑가 (스카프를 양 손에 쥐고) 진행방법

가 사	에헤야 디야 불 밝혀라 온 세상 환하게
율동1	(오른손으로 왼손 치고 열고2 반대로 2) X2
가 사	에헤야 디야 문을 열어라 내 님 오실 때까지
율동2	(팔 아래로 지그재그4 팔위로 지그재그) X2
가 사	꽃이 피고 지고 세월이 가도 변함없는 내 사랑
율동3	(구리구리구리 위로 만세하며 (헤이)) X4
가 사	얼씨구 절씨구 좋다 사랑 내 사랑 / 내 사랑이야
율동4	어깨 덩실4 오손 앞으로 털기, 왼손 앞으로 털기 /가슴 손 X자로 모아 머리위 하트
가 사	얼씨구 절씨구 좋다 사랑 내 사랑 / 내 사랑이로다
율동4	어깨 덩실4 오손 앞으로 털기, 왼손 앞으로 털기 /가슴 손 X자로 모아 머리위 하트

③ 저글링 놀이-던지기 잡기 유지하기

- 준비물 : 저글링 스카프
- 한 손으로 던지고 받기 (10회) 진행방법

  *규칙 던질 때는 스카프를 머리 위로 던지고 나서 내려오면 잡는다.
  - 스카프를 오른손으로 던져서 오른손으로 받기
  - 스카프를 왼손으로 던져 왼손으로 받기
  - 스카프를 오른손으로 던져 왼손으로 받기
  - 스카프를 왼손으로 던져서 오른손으로 받기

- 두 손으로 던지고 받기 (10회) 진행방법
  - 스카프를 오른손과 왼손으로 쥔 상태 그대로 던져 그대로 받기
  - 스카프를 오른손과 왼손으로 쥔 상태 그대로 던져 손을 교차해서 받기
    (오른손-왼손, 왼손-오른손)

- 스카프를 오른손과 왼손으로 쥔 상태 그대로 던져 손을 교차해서 받기
  (오른손-왼손, 왼손-오른손)
- 스카프를 던질 때 반대로 던져서 바로 받기
- 스카프를 양손 위로 던지고 박수 1번 치고 받기
  (양손은 박수 3번까지 가능)

- **공중에서 유지하기 진행방법**
  - 스카프 한 장을 위로 던지고 박수 1번 치고 받기
  - 스카프를 던져서 잡는 순간 까지 박수를 빠르게 몇 개까지 치고 잡을 수 있는지 계속 연습한다.
  - 스카프가 바닥에 떨어지기 전까지 박수는 계속 칠 수 있다.
  - 본인이 스카프를 던진 후 친 박수의 숫자를 헤아리고 기억한다.
    ***주의** 다섯 개라고 말하는데 정작 박수는 두 세 번 치는 경우가 많다.
  - 한 명씩 돌아가면서 진행하고, 박수를 가장 많이 친 사람이 우승한다.

- **짝과 함께하기 진행방법**
  - 두 사람이 마주보고 스카프를 서로 던져주고 받는다.
  - 먼저 오른손 한 손으로 서로 스카프를 던져주고 왼손으로 상대방 스카프를 받는다. (2~3회 연습 해본다.)
  - 그 다음 왼손으로 스카프를 던져주고 오른손으로 받는다.
  - 양손으로 스카프를 위로 던지고 짝의 스카프를 받는다.
  - 미니게임 : 두 사람이 마주 보고 총 4개의 스카프를 던져서 많이 잡는 사람이 승리

④ 저글링 스카프 놀이

- **준비물** : 저글링 스카프, 풍선, 공(수박모양)
- **진행방법**

가. 풍선 팅기기
- 두 사람이 스카프 하나를 마주 잡고 풍선을 올려 둔 다음 팅겨서 받는다.
- 바닥에 떨어트리지 않고 최대한 많이 팅겨본다.

나. 풍선 패스하기
- 2인 1조로 두 팀이 옆으로 나란히 앉아 상대방이 팅겨 준 풍선을 두 사람이 합심해서 받는다.

다. 수박 옮기기
- 두 팀으로 나누어 (가)와 같이 스카프를 마주 잡고 일렬종대로 선다. 시작과 동시에 수박 모양의 공을 줄을 이어서 옮겨서 정해진 곳에 모아둔다.
- (규칙) 옮기는 도중 떨어지면 처음부터 다시 시작해야 한다.

라. 스카프 엮기
- 원형으로 앉은 후에 스카프 끝을 모두 묶어 하나의 큰 원을 만든다.
- 지도자는 우리는 하나라는 메시지를 전달하면 좋다.
- 살짝 잡은 스카프를 모두 함께 오른쪽으로 당겨서 원이 돌아가게 한다.
- 함께 위아래로 올리고 내리며 지도자의 지시에 따라 파도타기도 해본다.
- 다 함께 중앙을 향하여 노젓기를 한다.
- 뱃노래를 부르며 위의 동작을 해본다.

⑤ 저글링 스카프 관계 형성 놀이

- **준비물** : 저글링 스카프
- **진행방법**

가. 스카프 두 장을 활용하여 자기 자신을 가장 멋있게 꾸민다.
- 창의적으로 꾸민 사람에게 높은 점수를 주는데 보통은 목에 감거나 머리에 두른다.

나. 1번 과정을 진행한 후 2인 1조로 총 4장의 스카프로 한 사람을 꾸며준다.
- 음악을 틀어놓고 1분~2분 정도의 시간을 준 다음 모델과 디자이너로 발표하는 시간을 가진다.

다. 위의 과정을 모두 진행 한 후에 두 팀으로 나누어 팀 대표 1명을 선정한 후에 많은 양의 스카프를 나눠주고 '각설이 만들기' 미션을 준다.
- 스카프는 보통 40장~50장 정도 주면 충분하다.
- 팀별로 단합될 수 있도록 지도자는 계속 독려한다.
- 최대한 풍성하게 보이게끔 살짝살짝 묶는 팁을 준다.
- 완성되면 팀별로 기념촬영을 한 후에 댄스 대결을 진행한다.
- 댄스대결 이후 모두 함께 각설이 타령에 맞춰서 신나게 한바탕 놀아본다.
- 마무리는 각설이 옷을 가장 빨리 벗기는 팀 뽑기로 한다.

*주의 댄스대결 등을 할 때 음악은 1분을 넘지 않게 한다.
스카프 옷을 입은 사람들이 힘들 수 있으므로 각설이 놀이까지 빠르게 진행하고,
스카프 옷을 벗긴 후에 여운이 남는 경우 메들리를 틀고 놀아도 무관하다.

07 개구리 놀이

(1) 도구 준비

　개구리 놀이는 작은 플라스틱 개구리를 손가락으로 튕겨서 하는 놀이로 초등학교 시절, 추억의 놀이로도 많이 활용된다. 어르신들에게는 손가락을 많이 쓰게 하는 좋은 도구이며, 추억을 소환하게 하며 특히 입춘이나 경칩에 스토리텔링 하기 좋다.

　구입은 보통 인터넷으로 하는데 점프 개구리를 검색하면 다양하게 나온다. 너무 가격이 저렴한 것은 잘 튀어 오르지 않는 것들도 있고, 투명한 개구리보다는 색이 진하고 선명한 것을 선택한다.

(2) 프로그램 구성

① 튕기기 연습
② 그릇에 많이 넣기 (조별경기/개인경기)
③ 멀리뛰기
④ 높이뛰기

(3) 프로그램 진행방법

① 튕기기 연습

- 준비물 : 점프 개구리
- 진행방법
  - 점프 개구리를 처음 접할 때는 점프에 대한 요령이 없는 경우가 있다.
  - 손가락 끝에 힘을 빼고 살짝 눌러서 멀리 높이 튕겨야 하는데 세게 누르면 더 높이 튕겨질 것이라 생각하여 꾹 누르고 있는 분들도 많다.
  - 손끝을 활용하여 누르는 법을 충분히 연습했다면, 이제는 엄지부터 애지까지 모든 손가락을 활용 하여 튕겨보고, 가장 잘 튕겨지는 손가락을 찾아 낸다.

② 그릇에 많이 넣기 (조별경기/개인경기)

- 준비물 : 점프 개구리
  - 넓고 낮은 그릇(딸기 대야, 접시)
- 진행방법
  - 2명~6명이 한 조가 되어 가운데 넓고 낮은 그릇을 놓고 개구리를 점프하여 골인을 시킨다.

- 도구로 활용되는 접시를 써도 되지만, 약간 높은 딸기 대야를 추천한다.
- 넓이는 20cm~25cm의 크기가 적당하며 높이는 5cm가 넘지 않은 것이 좋다.
- 특별히 정해진 규칙은 없고 개구리를 무조건 튕겨서 많이 넣는다.
- 개구리를 인당 5개~10개를 주고 연습을 충분히 시킨 후에 경기를 진행한다.
- 음악을 틀고 1분 정도의 시간을 준 뒤에 대야에 개구리를 가장 많이 넣은 팀이 승리한다.

③ **멀리뛰기**
- **준비물** : 점프 개구리, 라인테이프
- **진행방법**
- 개구리 멀리뛰기는 시작 선에서 개구리를 튕겨 가장 멀리 보내는 사람이 승리하는 경기이다.
- 한 사람에게 3번의 기회가 주어지며, 세 개를 튕겨 가장 멀리 간 것을 인정한다.
- 이때 한 사람이 3개를 한꺼번에 튕기기보다 한 사람에 한 개씩 돌아가면서 하는 것이 좋으며, 가장 멀리 날아간 개구리만 남겨두고, 나머지는 치운다.
- 그 후에 다음 팀이 전 팀의 최고 기록에 도전하는 방식으로 진행하면 좋다.

④ **높이뛰기**
- **준비물** : 페트병 2개, 긴 나무 막대기, 송곳
- **진행방법**

가. 높이뛰기 크로스바 만들기
- 개구리 선수들이 넘어야하는 크로스바를 만들려면 얇고 긴 페트병 2개와 긴 막대가 필요하다.
- 개구리가 어디로 날아갈지 모르기 때문에 너무 짧은 막대기보다는 긴 막대가 좋다. 보통은 어묵꼬지를 사용하는데 40cm 이상을 추천한다.

- 만드는 방법은 페트병의 아래부터 3cm 간격으로 구멍을 뚫는다.
- 구멍은 송곳을 이용하여 어묵꼬지의 굵기만큼 뚫어주는데 송곳을 불에 달궈 뚫으면 쉽게 조절 가능하다. (인두기가 있으신 분들은 인두기를 활용)
- 반대쪽 페트병에도 똑같이 구멍을 뚫고 두 페트병 사이에 어묵꼬지를 꽂는다.

나. 진행

- 높이뛰기는 단계별로 개구리를 3개씩 주고 점프를 하는데 3cm 통과한 사람들은 6cm에 도전할 수 있다.
- 보통 점프 개구리 높이뛰기는 결승전에 활용하면 좋다.
- 페트병도 부피가 작은 것들은 몇 개 만들어서 단계별로 꼬지를 꽂아두고 빠르게 진행하는 것도 좋다.

08 주사위 놀이

(1) 도구 준비

주사위는 다양한 크기가 있으나 본 교재에서는 20cm 이상의 중대형 크기의 주사위를 사용한다. 큰 주사위는 에어나 스펀지 재질이 안전하다.

(2) 프로그램 구성

① 윷판 돌리기
② 뱀 주사위 놀이
③ 주사위는 던져졌다.

(3) 프로그램 진행방법

① 윷판 돌리기

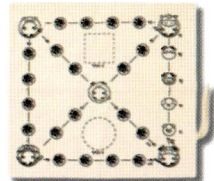 

- **준비물** : 주사위, 윷판, 말
- **진행방법**
  - 가장 단순한 경기로 주사위를 던져서 나온 숫자만큼 앞으로 나간다.
    (윷판은 대부분 구비 되어 있고 지도자들도 필수로 가지고 있으므로
    여러 경기에 사용할 수 있다.)
  - 윷판은 특별한 규칙없이 크게 한 바퀴 도는 것으로 한다.

② 뱀 주사위 놀이

- **준비물** : 주사위, 뱀 주사위 판
- **진행방법**
  - 추억의 뱀 주사위 판이 대형으로 나 온 것이 있다. 크기가 54cm×78cm로 멀리 서도 잘 보인다.
  - 뱀 주사위 판은 주사위를 던져서 나온 숫자만큼 말을 움직여, 결승점에 먼저 도달하는 팀이 승리 한다.
  - 팀을 두 팀 이상으로 만들고 순서를 정한다.
  - 순서에 따라 주사위를 던지고 나온 숫자만큼 이동한다.
  - 멈춘 칸에 뱀이 있으면 뱀을 따라 미끄러져 내려가고, 고속도로가 있으면 그 길을 타고 위로 올라간다.
  - 윷놀이처럼 앞선 다른 팀의 말을 잡으면 한 번 더 던진다.
  - 100번 칸에 먼저 도착한 사람이 승리
  - 뱀 주사위 놀이는 이야기가 있는 경기라서 스토리텔링용으로 적합하다. 노상방뇨를 하면 혼난다 거나, 아픈 친구를 도와주면 의사가 되고, 공부 안하고 놀면 거지가 되는 등의 스토리가 그림에 서 나타난다.

③ 주사위는 던져졌다.

- **준비물** : 주사위 2개, 미션지
- **진행방법**
  - 관계형성 프로그램으로 6명이 그룹을 만들거나, 주사위 6면에 숫자를 적어서 단체로 진행 가능하다.
  - 주사위는 2개를 준비하고, 한 주사위에는 6명의 이름을 적는다. (단체로 진행 할 때는 1번부터 6번 까지의 번호를 나눠주고 해당 번호에 미션을 수행한다.)
  - 다른 한쪽의 주사위에는 수행할 미션을 적는다.(안마하기, 윙크하기, 칭찬하기, 안아주기, 등)
  - 첫 시작은 지도자가 주사위를 던진다. 이때 이름이 나온 사람은 다시 주사위를 던져 파트너를 찾아 2인 1조가 된다.
  - 파트너가 된 사람은 미션 주사위를 던져 나온 미션을 함께 수행한다.
  - 같은 방법으로 놀이를 진행하는데 첫 번째 나온 사람과 파트너가 같은 이름이 나 번호가 나오면 다시 던진다. 애교떨기, 아부하기 등 재미있는 미션을 넣으면 좋다.

 복조리 놀이

(1) 도구 준비

복조리는 크기가 너무 크지 않은 것으로 준비한다. 100개 정도만 있으면 프로그램을 진행하는데 크게 무리가 없다. 아래 준비물 중에 하트공은 일반 pu소재 공이나 볼풀공도 가능하나 공 모양이 불규칙 한 것을 사용하는 것이 더 재미있다.

작은 와인 잔은 '아슬아슬 컵 쌓기 게임'을 검색하면 저렴하게 구입이 가능하다.

(2) 프로그램 구성

① 복조리 하트 옮기기
② 와인 잔에 하트 공 올리기
③ 복조리 높이 쌓기
④ 복조리 하트 만들기

(3) 프로그램 진행방법

① 복조리 하트 옮기기

- 준비물 : 복조리, 하트 공, 소쿠리 4개
- 진행방법
- 두 팀으로 나누어 마주 보도록 한다.
- 복조리로 하트 공을 떠서 옆 사람에게 전달하여 먼저 다 옮기는 팀이 승리

*규칙 절대로 손을 대면 안 되고 중간에 떨어지면 처음부터 다시 시작한다.

② 와인 잔에 하트 공 올리기

- 준비물 : 복조리, 하트 공, 미니 와인 잔, 중간 크기 소쿠리 2개
- 진행방법
- 두 팀으로 나누어 책상 위에 각 12개 정도의 미니 와인 잔을 일정한 간격을 두고 놓아둔다.
- 중간 크기의 소쿠리에 하트 공을 넣고 복조리로 떠 미니 와인 잔 위에 올린다.

- 모든 와인 잔에 하트 공을 채우는 팀이 승리

* 주의 복조리 이외에는 절대로 손을 사용하면 안 된다. 와인 잔이 가볍고 하트 공이 불규칙해 힘들긴 하지만 어르신들은 의외로 침착하게 잘 하신다.

③ 복조리 높이 쌓기

- **준비물** : 복조리
- **진행방법**
  - 두 팀 이상으로 개인이나 팀 전 모두 가능하다.
  - 무조건 높게 쌓은 팀이 승리

④ 복조리 하트 만들기

- **준비물** : 복조리, 하트 공
- **진행방법**
  - 수업 마지막에 진행하는 것을 추천한다.
  - 복조리로 바닥에 하트를 크게 만든다.
  - 하트 공을 활용하여 꾸며주는 것도 좋다.

* 주의 어르신들이 창의력을 발휘할 수 있게 지도자들은 되도록 개입하지 않는다.

10 짚신 놀이

(1) 도구 준비

짚신은 전래놀이로 사용하기 좋지만 지푸라기가 많이 떨어진다는 단점이 있다. 구입 후에는 꼭 점검 하는 과정을 거쳐서 지푸라기가 떨어지지 않게 한다. 느낌은 다르지만 깔끔하게 진행하고 싶다면 고무신으로 대체하는 것도 무방하다.

(2) 프로그램 구성

① 점수판에 짚신 차기
② 멀리 차기 – 야외 놀이
③ 미니 키에 받기
④ 짚신 컵 탑 볼링

(3) 프로그램 진행방법

① 점수판에 짚신 차기

- **준비물** : 짚신, 점수판

- **진행방법**
- 팀 경쟁 방식으로 점수판을 바닥에 펼쳐놓고 두 팀으로 나눠 진행한다.
- 짚신은 발끝에 걸어 점수판을 향하여 찬다.
- 1인당 5회를 차는데 상대팀과 교대로 차게 하고, 점수를 합산하여 높은 팀이 승리한다.

② 멀리 차기 - 야외 놀이

- **준비물** : 짚신
- **진행방법**
- 야외에 나간다면 가벼운 게임으로 진행하기 좋다.
- 경기 시작 선에 앉거나 서서 발끝에 걸어 최대한 멀리 찬다.
- 실내와 달리 한정된 공간이 아니어서 마음은 멀리 보내고 싶은 의욕이 가득하지만 의외로 멀리 날아가지 않고 발끝에 걸리는 등, 뒤로 날아가기도 한다.

③ 미니 키에 받기

- **준비물** : 짚신, 미니 키

- **진행방법**
- 경기 시작 선을 긋고 2m 정도의 거리를 두고 또 하나의 선을 긋는다.
- 경기 시작 선에서는 짚신을 던지고, 2m 거리의 선에서는 미니 키를 들고 받을 준비를 한다.
- 미니 키는 30cm 정도 크기를 구입하는 것을 추천한다.

- 짚신을 키로 받는 것은 힘들어서 손으로 받아도 된다. 손으로 던져서 많이 받는 팀이 승리하는 것으로 하고, 짚신을 발로 차는 것은 자신 있는 사람들만 신청 받아 결승전으로 진행하는 것도 좋다.

④ 짚신 컵 탑 볼링

- **준비물** : 짚신, 종이컵 30개

- **진행방법**
  - 두 팀으로 나누어서 경기시작 선에서 2m 떨어진 곳에 종이컵을 탑으로 두 개 쌓아 놓는다.
  (컵은 아래부터 5개, 4개, 3개, 2개, 1개로 한 팀당 15개가 필요하다)
  - 컵 탑은 80~90cm 정도의 거리를 두고 나란히 만들어 둔다.
  - 1인당 3번의 기회를 주고 상대팀과 교대로 던지게 한다.
  - 3번의 기회 안에 컵 탑을 많이 무너트린 팀이 승리
  - 상대방 컵 탑을 맞추면 상대방에게 점수를 준다.

11 연탄 놀이

(1) 도구 준비

연탄 교구는 가격도 비싸고 종류가 많지 않아 구매에 고민이 될 수도 있지만, 계절 놀이나 스토리텔링 놀이 등 다양하게 활용하기 좋다. 동료들이 많으면 함께 제작하여도 좋다. 개수는 60~100개를 추천한다.

(2) 프로그램 구성

① 연탄 옮기기
② 집게로 옮기기
③ 던져서 연탄 통에 넣기
④ 굴려서 틀 안에 골인하기
⑤ 높이 세우기

(3) 프로그램 진행방법

① 연탄 옮기기

- **준비물** : 연탄, 책상
- **진행방법**
  - 연탄 옮기기를 하기 전에 스토리텔링을 진행하는 것이 좋다.
  - 연탄을 옮기는 방법만 이야기해도 이야기보따리가 풀어진다.
  - 리어카로 옮기기, 연탄 통으로 옮기기, 연탄 지게로 옮기기 등 다양한 방법으로 진행 할 수 있다.
  - 연탄 옮기기는 좁고 높은 골목에서 사람들이 줄을 서서 전달하는 방법으로 배달했던 것을 재연 하는 놀이이다.
  - 양쪽으로 책상을 길게 두고 책상 한쪽에 연탄을 준비해 둔다.
  - 두 팀으로 나누어 책상 옆으로 마주보고 선다.
  - 시작과 동시에 옆 사람에게 하나씩 전달하여 반대쪽 책상 위에 깔끔하게 먼저 정리하는 팀이 승리 한다.
  - ***규칙** 연탄은 하나씩만 전달해야 한다. 떨어지는 연탄은 처음 자리로 갖다 두고 다시 시작한다.

② 집게로 옮기기

- **준비물** : 연탄, 책상, 연탄집게, 연탄 통
- **진행방법**
  - 두 팀으로 나누어 마주보게 한다.
  - 2인 1조로 진행한다. 한 명은 연탄을 집게로 집어서 연탄 통에 넣어주고 다른 한 명은 연탄이 통에 모두 담아지면 반대쪽 책상으로 옮긴다.
  - 연탄은 4장~6장씩 옮기고 먼저 한 팀이 도착해야 다음 팀이 출발한다.
  - 모든 연탄을 먼저 옮기는 팀이 승리

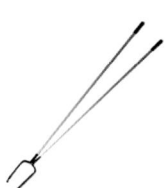

③ 던져서 연탄 통에 넣기

- **준비물** : 연탄, 책상, 연탄 통
- **진행방법**
  - 두 팀으로 나누오 시작 선을 긋고, 1.5m 간격으로 연탄 통을 두 개를 놓는다.
  - 팀 당 한명씩 나와서 하나씩 번갈아 던진다.
  - 개수는 4개~6개로 인원에 따라 조절 가능하다.
  - 연탄 통에 연탄을 많이 넣는 팀이 승리
- ***규칙** 1인당 배정된 연탄 개수를 모두 던질 때까지 연탄 통을 비우면 안 된다.
  먼저 들어가 있는 연탄이 맞고 튕겨나가야 더 재미있다.

④ 굴려서 틀 안에 골인하기

- **준비물** : 연탄, 책상, 라인테이프(또는 과녁판)
- **진행방법**
  - 시작 선을 긋고 1.5m~2m 정도의 거리를 두고 라인테이프로 사각 칸을 만든다.
    (사각 칸의 크기는 대상자의 인지능력과 신체 정도에 따라 조절한다.)
  - 연탄을 세운 상태로 굴려서 칸 속에 멈추면 1점을 얻는다.
  - 연탄이 규칙적으로 굴러가지 않고 힘 조절이 필요한 경기로, 난이도가 높은 편이다. 참가자들의 힘 조절이 힘들다면 사각의 크기를 크게 하거나 과녁판을 깔아서 진행하면 된다.

⑤ 높이 세우기

- **준비물** : 연탄
- **진행방법**
  - 2팀~4팀으로 나누어 정해진 시간 안에 연탄 탑을 가장 높게 세우는 팀이 승리
  - 쌓은 연탄 개수를 확인 후에 모든 사람들이 손을 떼고 5초 동안 버티면 기록을 인정한다.
  - 연탄 개수를 추가해 계속해서 신기록에 도전할 수 있다.

12 휴지 운동회 놀이

(1) 도구 준비

휴지 운동회는 레크레이션 형식으로 가볍게 진행하기 좋은 놀이이다. 사각이나 두루마리 휴지 모두 좋으며, 부채나 접시 정도만 추가된다면 더 다채롭게 놀이를 할 수 있다.

(2) 프로그램 구성

① 휴지 공중에 띄우기
② 휴지 멀리 던지기
③ 휴지 배드민턴
④ 휴지 펜싱
⑤ 휴지 달고나

(3) 프로그램 진행방법

① 휴지 공중에 띄우기

- **준비물** : 휴지, 부채(또는 접시)
- **진행방법**
  - 개인전, 팀 전이 가능한 놀이로, 휴지를 공중에 최대한 오래 떠 있게 한다.
  - 입으로 불어서 띄우기도 하고 부채나 접시 등으로 날려서 띄우기도 한다.
  - 어르신들은 입으로 불어서 유지하기가 힘듦으로 되도록 부채나 접시 등으로 진행하기를 추천한다.
  - 시작과 동시에 가장 오래 공중에 떠 있는 개인이나 팀이 승리한다.

② 휴지 멀리 던지기

- **준비물** : 휴지
- **진행방법**
  - 두 팀 이상이 경쟁하는 방식으로 시작 선에 서서 휴지를 던져 가장 멀리 간 팀이 승리한다.
  - 휴지는 펴서 던지거나 구겨서 던져도 되지만 휴지에 물을 묻히거나 침을 바르면 안 된다.
  - 가장 멀리 던진 팀이 승리
  - 번외 경기로 휴지를 구기지 않고 펴서 던지기도 재미있다.

③ 휴지 배드민턴

- **준비물** : 휴지, 네트(또는 라인테이프)
- **진행방법**

- 네트가 있으면 네트를 설치하고 없으면 라인테이프로 줄을 긋는다. 말 그대로 휴지가 셔틀콕이 되고 손바닥이 배드민턴이 되어하는 경기이다.
- 1:1 이나 2인 이상의 단체 경기로도 가능하며 휴지가 떨어지는 곳이 지는 경기이다.
- 휴지는 한 장이나 여러 장도 가능하다.

④ 휴지 펜싱

- **준비물** : 휴지
- **진행방법**
- 두 팀으로 나누어 1:1로 나와서 경기한다.
- 휴지를 최대한 뾰족하게 말아 펜싱 칼처럼 쥔다.
- 가위 바위 보를 해서 이긴 사람이 먼저 공격을 한다.
- 얼굴 안에서(귀 까지 허용) 간지럽혀 웃지 않고 버티는 사람이 승리
- 기회는 10초씩 주고 이후 방어에 성공하면 5초씩 늘려준다.
  * **주의** 30초가 넘어가면 지루해지기 쉬우므로 무승부로 정리한다.

⑤ 휴지 달고나

- **준비물** : 휴지, 매직
- **진행방법**
- 설탕 달고나 뽑기 경기를 휴지로 하는 것이다.
- 휴지에 하트, 별, 우산, 네모, 세모 등을 그려 둔다.
- 휴지 그림을 손으로 째서 최대한 모양이 잘 나온 사람이 승리한다.
- 절대 침 바르기 없기!

13 젓가락 놀이

(1) 도구 준비

집중력 향상부터 팀 빌딩까지 젓가락의 쓰임새는 무궁무진하다. 조리도구로 오랫동안 사용하고 낡아진 나무젓가락이나 일회용 젓가락을 버리지 말고 놀이 도구로 사용하면 좋다.

산가지놀이를 할 때도 별도의 도구를 구매할 필요 없이 나무젓가락을 이용해 만들어도 좋다.

기성품을 구매하여 사용하는 것도 좋지만 시간이 오래 걸리지 않는다면, 생활용품을 리폼하거나 재활용하여 도구를 만들어 사용하는 것이 비용도 절감되고, 재미있는 놀이 구성을 만들어주기도 한다.

(2) 프로그램 구성

① 집중력 향상 옮기기 놀이 – 콩, 폼폼이, 탁구공, 구슬 등
② 이동시키기 – 고무줄, 양파링 등
③ 많이 잡기 – 칼라 고무줄, 머리끈 등
④ 성 쌓기 (팀 빌딩 프로그램)

(3) 프로그램 진행방법

① 집중력 향상 옮기기 놀이 - 콩, 폼폼이, 탁구공, 구슬 등
- 집중력 향상 옮기기 놀이는 둥글거나 작은 것들은 모두 사용할 수 있다.
- 본 교재에서는 콩과 폼폼이를 활용한 놀이를 소개하려고 한다.

- **준비물** : 콩, 접시, 병뚜껑, 젓가락(대, 중, 소) 등
- **콩 놀이 진행방법**
- 콩은 집기도 어렵고 미끄러워 자칫하면 쏟아져 버릴 수도 있으니 접시나 용기에 꼭 담아서 준비 한다.
- 첫 번째, 1번 접시에서 2번 접시로 콩을 가장 빠르게 옮기는 사람이 승리한다.
- 두 번째, 1번 접시에 콩, 쌀, 팥 등을 섞어 놓으면 다른 접시에 빠르게 분류하는 사람이 승리한다.
- 세 번째, 1번 접시에 담긴 콩을 10개의 병뚜껑 속에 표시된 숫자만큼 빠르게 옮기는 사람이 승리한다.
(경기 후에 병뚜껑 속에 있는 숫자와 콩의 개수가 정확히 일치해야 한다.)

- 준비물 : 폼폼이, 젓가락(대, 중, 소), 계란 판 등
- 폼폼이 놀이 진행방법

- 폼폼이는 콩에 비하면 비교적 잡기도 쉽고 미끄럽지도 않다. 폼폼이로 놀이를 할 때는 빠르게 할 수 있도록 유도하는 것이 좋다.
- 폼폼이를 소쿠리에 가득 담아두고 젓가락으로 빠르게 담아 계란판에 먼저 채우는 사람이 승리한다.
- 지름이 5cm인 폼폼이는 계란판에 꽉 끼인다. 계란판을 벽에 붙여 놓고 경기를 진행해도 좋다.

② **이동시키기** - **고무줄, 양파링 등**

- 준비물 : 젓가락(대, 중, 소), 고무줄, 양파링 등
- 진행방법

- 두 팀으로 나누어 모든 선수에게 긴 젓가락을 지급한다.
- 시작과 동시에 젓가락 끝에 고무줄을 걸어 다음 사람에게 전달한다.
- 주어진 시간 안에 가장 많은 고무줄을 이동시키는 팀이 승리한다.

***규칙** 젓가락 이외에 손을 사용해서는 안 된다.
    경기 중에 떨어진 고무줄은 다시 처음으로 돌아간다.

- 고무줄로 충분한 연습을 하고 나면 양파링 과자로 옮기기 놀이를 하고, 과자는 나눠 먹으면 더 재미있다.

③ **많이 잡기** - **칼라 고무줄, 머리끈 등**

- 준비물 : 젓가락(대, 중, 소), 고무줄, 머리끈 등

 *참고 작은 크기의 원형 모양인 색 고무줄이나 머리끈은 다양한 색상이 섞여 있는 것을 선택한다. 색은 파스텔 색상보다 선명한 색상이 좋다.

- **진행방법**
  - 개인전 또는 팀 전이 가능하며, 딸기 소쿠리 정도 크기와 높이의 용기에 고무줄이나 머리끈을 가득 담아 둔다.
  - 손을 대지 않고 젓가락만으로 빠르게 집어야 하며 놓치면 안 된다.
  - 한 가지 색상을 선택해서 집어내는 경기도 진행해 본다.

④ 성 쌓기
- **준비물** : 나무젓가락, 종이컵
- **진행방법**
  - 조별 경기로 4명~6명이 한 팀이 되고 나무젓가락 30개 이상, 종이컵 20개 이상을 지급한다.
  - 주어진 물품을 이용해 가장 높은 성을 쌓는 팀이 승리한다.

14 노끈 놀이

(1) 도구 준비

노끈을 구입할 때는 바인더 끈을 검색하면 된다. 색상은 보통 4~5가지가 나오는데 더 다양한 색상으로 구성되어 있다면 바인더 노끈이 아닐 수 있으니 잘 보고 구입해야 한다.

(절대로 잘 찢어지는 끈이어야 하고, 일명 고추 끈이라고도 한다.)

(2) 프로그램 구성

① 노끈 제기 만들기 (응용 : 응원도구 만들기)
② 노끈 공 만들기
③ 노끈 위에서 공 이동하기
④ 노끈 패션쇼

(3) 프로그램 진행방법

① 노끈 제기 만들기

- **준비물** : 노끈, 가위, 병뚜껑(또는 고무 찰흙), 접시
- **진행방법**
  - 원하는 색의 노끈을 30cm 정도로 자른다.
  - 자른 노끈을 가운데 중심을 잡고 열십자 모양으로 반복해서 놓는다.
  - 동그랗게 끈이 놓였다면, 가운데 병뚜껑을 올리고 비닐을 오므려서 병뚜껑을 감싸준다. (병뚜껑이 보이지 않게 풍성하게 놓기를 권한다.)

  *참고 무게감이 있는 제기를 원한다면 뚜껑 안에 고무찰흙 등을 넣어 준다.

  - 감싼 후에 제기 머리 부분을 만들어 묶어준다.
  - 비닐 제기 술을 최대한 얇게 찢는다.
  - 손이나 접시를 이용해 제기차기 놀이를 한다.
  - 발제기 놀이를 할 때는 제기 머리 부분에 50~60cm의 끈을 매달아서 끈을 잡고 제기차기 놀이를 한다.

  *참고 술 길이를 60~70cm로 하여 위에 방법과 같이 제기를 만들면 응원 도구로도 활용 가능하다.

② 노끈 공 만들기

- **준비물** : 노끈, 가위, 접시
- **진행방법**
  - 원하는 색의 노끈을 15~20cm로 많이 잘라 준다.
  - 잘라 둔 노끈을 30개 이상 가지런히 잡고 한 가운데를 단단히 묶어 준다.
  - 최대한 공 모양이 나오도록 노끈을 많이 찢어준다

- 가벼운 노끈 공이 만들어졌으면 접시를 가지고 놀이를 진행한다.
  (접시 풍선 놀이 참조)

③ 노끈 위에서 공 이동하기

- **준비물** : 노끈, 가위, 볼풀공
- **진행방법**
 - 두 사람이 마주보고 1m 정도의 노끈 두 개를 마주 잡는다.
 - 노끈을 탱탱하게 당겨 잡은 뒤 위에 가벼운 볼풀공을 올려 상대방에게 이동시킨다.
 - 충분한 연습을 한 다음 소쿠리를 바닥에 놓아두고 협심해서 골인시킨다.

④ 노끈 패션쇼

- **준비물** : 노끈, 가위
- **진행방법**
 - 한 팀을 4명~6명으로 구성해서 진행하는 경기이다.
 - 모델을 할 사람을 정해두고 그 사람의 허리둘레만큼의 노끈을 잘라 의자와 의자 사이에 길게 묶는다.
 - 한 사람이 노끈을 치마 길이만큼 잘라서 주면 다른 사람들은 받은 끈을 (2)의 끈에 묶어 늘어뜨리고 최대한 많이 찢어 풍성하게 만든다.
 - 완성된 치마는 두 의자에서 분리하여 모델의 허리에 둘러 묶는다.
 - 팀워크를 알아보는 경기로 미션을 수행하는 동안 분위기도 좋고, 분업도 잘 된다. 팀 점수를 매길 때 찢기를 잘해서 무엇보다 풍성한 치마에 많은 점수를 준다.
 - 경기가 끝나면 모델들의 훌라춤 감상 시간을 가진다.

15 미니 의자 놀이

(1) 도구 준비

　미니 의자는 보드게임이다. 놀이 방법은 의자를 인원수대로 나누어 가진 뒤, 차례를 정한 뒤 순서대로 돌아가면서 의자를 쌓는 경기로 의자 탑을 무너트리지 않고 모든 의자를 먼저 쌓거나 많이 쌓는 사람이 승리하는 경기이다.

　보드게임용으로만 사용하지 말고 다양하게 활용할 수 있도록 끊임없이 연구하여야 한다.

　저자가 추천하는 미니 의자 교구는 96피스로, '아슬아슬 의자 탑 96피스'를 검색하면 된다. 구성은 4가지 색상으로 12개의 모양이 색깔별로 2개씩 들어있다.

(2) 프로그램 구성

① 색 빠르게 분류하기
② 분류한 의자 같은 모양 2개씩 맞추기
③ 같은 모양 다른 색 모두 모으기
④ 쌓기 – 개인전, 단체전

(3) 프로그램 진행방법

① 색 빠르게 분류하기

- **준비물** : 미니 의자
- **진행방법**
  - 2~4명이 한 팀이 되어 4가지 색상을 빠르게 분류하는 경기이다.
  - 빠르게 분류한 후 팀명을 먼저 외치는 팀이 승리하게 된다.

  ＊참고 분류 후에 다양한 미션을 주는 것도 추천한다.
  예를 들면 색깔별로 의자를 뒤집어 놓거나 두 줄로 세워둔다 등이다.

② 분류한 의자 같은 모양 2개씩 맞추기

- **진행방법**
  - 분류해 놓은 의자를 같은 모양별로 맞춘다. 같은 모양 2개씩 총 12쌍이 나온다.
  - 의자의 모양이 미세하게 다르기 때문에 지도자는 틀린 부분을 알려주지 말고 몇 군데 틀렸는지 힌트만 주고 스스로 찾도록 유도한다.

③ 같은 모양 다른 색 모두 모으기
- **진행방법**
  - 팀을 정한 후 4칼라 12모양으로 나누어져 있는 상태에서 시작과 동시에 같은 모양 다른 색의 의자를 모두 모아 줄을 세운다.
  - 최대한 가지런하고 빠르게 모은 팀이 승리한다.

④ 쌓기 - 개인전, 단체전
- **진행방법**
  - 개인전 : 미니 의자를 높게 쌓는 사람이 승리
  - 단체전 : 팀이 힘을 모아 가장 높게 쌓는 팀이 승리한다.

2. 인지 놀이 – 치매 예방 놀이
cognitive play

01. 신문지 놀이
02. 마시멜로 성 쌓기 놀이
03. 낱말 속담 맞추기 놀이
04. 신호등 놀이
05. 실버빙고놀이

01 신문지 놀이

신문지 놀이는 인지 활동부터 신체활동까지 다양하게 활용된다. 본 교재에서는 신체활동 부분을 정리하고자 한다.

(1) 프로그램 구성

① 신체활동
② 격파하기
③ 찢기
④ 훌라 치마 만들기
⑤ 신문지 패션쇼

(2) 프로그램 진행방법

① 신체활동

- 준비물 : 신문지
- 진행방법

가. 흔들기, 털기

- 신문지를 가로, 세로로 잡고 흔들어보며 소리를 들어 본다.
- 접어서도 흔들어보고 소리의 변화를 이야기해 본다.
- 다시 펴서 빨래 털듯이 털어본다.
- 신문지가 찢어질 때까지 팡팡 털어본다.

나. 두드려보기

- 신문지를 펴서 손가락 끝을 활용하여 두드려본다.
- 모든 손가락을 활용하여 두드리기를 하고 나면 주먹으로도 두드려보며 달라지는 소리를 들어본다.
  (모든 손가락을 활용하여 신문지 딱밤 때리기도 해본다.)

다. 접기, 펴기

- 1장의 신문지를 반씩 접어서 최대한 몇 번까지 접을 수 있는지 알아본다.
- 다 접은 신문지는 펴서 빠르게 다시 접기도 해 본다.

라. 비벼보기, 구겨보기

- 오랜 옛날 화장실에서 사용했을 때를 추억하며 비벼본다.
- 구겨진 신문을 둥글게 구겨본다.
  (소쿠리나 골대에 던져 넣기 놀이를 해 본다.)

마. 발로 접기, 째기
- 신문지를 발밑에 깔고 발로 반씩 접어서 최대한 몇 번까지 접을 수 있는지 알아본다.
- 다 접은 신문지는 펴서, 발로 찢어 본다.

바. 사직구장 응원도구 만들기
- 신문을 두 번 접은 다음 아래 5cm 정도 남기고, 결대로 찢는다.
- 남긴 부분을 잡고 둥글게 말아 찢어진 부분을 더 풍성하게 만든다.
- 1개~2개를 만들어 들고 부산갈매기 노래에 맞춰 흔들어 준다.

② 격파하기
- **준비물** : 신문지
- **진행방법**
  - 신문지 한 장을 2명이 양쪽에서 잡아 당겨준다.
  - 격파하는 사람은 주먹이나 손날로 격파해 본다.
    (소리가 크게 나 스트레스 해소에 좋다.)
  - 격파 후에 남은 종이도 계속 격파해 본다.

③ 찢기
- **준비물** : 신문지
- **진행방법**

가. 신문지 국수 뽑기
- 신문지 한 장을 끊어지지 않고 최대한 길게 뽑아내는 사람이 이기는 경기로 레크레이션 경기로도 많이 활용된다.

나. 길게 찢기
- 결대로 최대한 길고 가늘게 찢어 본다.

다. 막 찢기

- 보통은 수업 끝부분에 신나는 음악을 틀고 남은 신문지 들을 모아 막 찢어 던지며 마무리한다.

  (찢어진 신문지 정리를 대상자들과 같이하면 좋다.)

④ 훌라 치마 만들기

- **준비물** : 신문지, 투명박스테이프, 의자
- **진행방법**
  - 4명~6명을 한 팀으로 하고 놀이 주제를 미리 말하지 않는다.
  - 의자 두 개를 준비해 1m정도 간격을 두고 두 의자 사이에 테이프를 길게 붙여놓는다.

    (양쪽 끝에 여유를 주는 것이 좋다.)
  - 정해진 시간 동안 길게 찢은 신문지를 테이프에 최대한 많이 풍성하게 붙여준다.
  - 팀 별 1명의 모델을 선정한다.
  - (3)의 테이프를 떼서 모델의 허리에 감아준다.
  - 모델은 워킹을 하거나 음악을 틀고 훌라춤을 추며 마무리 한다.

⑤ 신문지 패션쇼

- **준비물** : 신문지, 투명박스테이프, 가위
- **진행방법**
  - 4명 이상을 한 팀으로 하여 모델을 1명 선정한다.
  - 신문지와 테이프, 가위를 제공하고 창의력을 발휘하여 모델에게 멋진 의상을 만들어 입혀 달라고 한다.
  - 패션쇼를 진행한다.

02 마시멜로 성 쌓기 놀이

(1) 도구 준비

마시멜로, 스파게티면

(2) 프로그램 진행방법

- 4명 이상이 한 팀이 되어 팀별로 하는 경기이다.
- 스파게티면 50가닥 정도와 마시멜로 1봉지를 준비한다.
- 주어진 재료로 탑을 쌓는다.(주어지는 시간은 10~15분 사이)
- 탑의 모양이나 종류에 상관없이 종료 시점에 탑이 기울어지지 않고 서 있어야 한다.
- 바닥부터 탑 꼭대기까지의 높이를 측정하여 가장 높은 팀이 승리한다.

03 낱말 속담 맞추기 놀이

(1) 도구 준비

낱말카드

(2) 프로그램 진행방법

- 2명~6명 이하로 한 팀이 되어 팀별로 하는 경기이다.
- 첫 번째 속담 낱말카드는 5~8개의 속담을 선정하여 각 속담별로 글자색을 다르게 출력하여 한 글자씩 자른다. 팀 수 만큼 만든다.
- 속담은 20자가 넘지 않으며 누구나 아는 속담을 선정하는 것이 좋다.
- (주의) 낱말카드가 정사각형이면 글자체에 따라서 글자가 비슷해 보일 수 있으므로 가로 6.5cm, 세로 5cm의 직사각형 모양의 카드를 추천하고 모든 팀에게 같은 속담을 나눠준다.
- 시작과 함께 색깔별로 낱개 글자를 나열하여 속담이 되도록 맞춘다.
- 속담을 가장 먼저 정확하게 나열한 팀이 승리한다.
- 두 번째 낱말카드는 짧고 쉬운 속담을 4~5개 선정하여 같은 색깔로 출력하여 첫 번째 낱말카드와 같은 방법으로 만든다.
- 경기 방법은 앞과 같다.

# 신호등 놀이

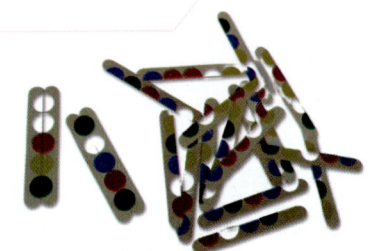

(1) 도구 준비 및 제작방법

- 원목 하드스틱 대 15cm×1.8cm, 칼라 분류용 스티커 2.5cm, 1.9cm 1세트에 10개 정도 만들면 적당하고 팀별로 놀이하려면 2세트, 조별로 놀이하려면 필요한 조별 수만큼 만들면 되나, 구성은 똑같아야 한다.
- 원목 하드스틱 대자 두 개를 나란히 두고 가운데 스티커를 붙인다.
- 스티커 2.5cm는 5개가 필요하고, 1.9cm는 6개가 필요하다.
- 스티커를 붙이고 칼로 가운데를 가른다.
- 만들고 나서 하드스틱 뒤에 세트별로 같은 번호를 적어둔다.

(2) 프로그램 진행방법

- 조별 또는 팀별로 진행하며 같은 구성의 세트를 지급한다.
- 시작과 동시에 빠르게 맞추는 팀이 승리한다.
- 2.5cm 스티커로 놀이하고 나서 2차전은 1.9cm 스티커로 진행한다.
- 결승전은 두 종류의 스티커를 섞어서 진행한다.
- 개인전은 기록경기로 진행한다.
- 어르신들이 직접 신호등을 만들어서 놀이 한 후 집에서도 활용할 수 있게 지도한다.

05 실버빙고놀이

(1) 도구 준비 및 제작방법

- A4용지에 4X4의 칸을 만든다.
- 그 칸에 맞춰서 숫자, 과일, 도형, 꽃 등의 카드를 만든다.
- 카드는 잘라서 세트별로 묶어둔다. 4인 1조 기준으로 인원에 맞게 만들면 된다.
- **준비물** : 빙고판, 미션카트(조별로) 숫자, 과일, 도형, 해산물, 꽃 등

(2) 프로그램 진행방법

- 조별로 빙고판을 나눠준다.
- 해당 놀이 카드를 나눠준다.
- 놀이카드를 꺼내서 빙고판 위에 자유롭게 놓는다.
- 진행자는 무작위로 카드를 보여주며 불러준다.
- 대상자들은 해당 카드를 빙고판에서 빼낸다.
- 빙고는 1빙고하기, 3빙고하기 등 진행자가 임의로 정하면 된다.

3. 뉴 스포츠형 놀이
new sports play

01. 컵 놀이
02. 토스볼 놀이
03. 볼로볼 놀이
04. 플라잉 원반 놀이
05. 오고 디스크 놀이
06. EVA 원형 칩 놀이
07. 플레이 스쿠프 놀이

뉴 스포츠는 기존 스포츠 종목의 규칙과 용구 등을 간소화하여 쉽게 경기를 즐길 수 있도록 만든 새로운 형식의 스포츠이다.

근대 스포츠와는 다른 형식을 지니고 경기 규칙과 용구 등도 간소화하여 단순하게 즐길 수 있어 참가자의 참여를 중심으로 하는 체험형으로 통합놀이로 진행하는 경기들도 뉴 스포츠라 할 수 있지만 본 교재에서는 시중에 교구를 판매하는 것 중에 반응이 좋았던 것으로 구성하였다.

01 컵 놀이

놀이에 사용할 컵은 12개 1세트로 구멍이 뚫려있는 것으로 선택한다. 구멍이 없는 컵은 마찰 때문에 잘 빠지지 않아 놀이나 경기를 진행할 때 곤란한 일이 생길 수 있다.

(1) 프로그램 구성

① 손 풀기 – 한손풀기, 양손풀기, 고속버스 손 풀기, 기찻길 손 풀기
② 컵 뒤집기
③ 컵 탁구공 올리고 내리기
④ 컵 컬링
⑤ 컵 옮기기 (2인~4인)
⑥ 컵 미션
⑦ 집, 마을, 성 쌓기

(2) 프로그램 진행방법

① 손 풀기 - 한손풀기, 양손풀기, 고속버스 손 풀기, 기찻길 손 풀기

- 준비물 : 놀이 컵 1인당 1세트
- 진행방법

가. 한 손 풀기

- 컵 12개를 한 기둥으로 쌓아 둔다.
- 왼손은 펴서 책상 바닥에 붙여 두고 오른손만 사용하여 컵을 한 개씩 빼내어 오른쪽 옆으로 빠르게 모든 컵을 옮긴다.
  (왼손으로 컵을 잡으면 안 되며, 두 개 이상씩 옮겨도 안된다.)
- 오른손을 충분히 풀고 나면 왼손도 같은 방법으로 진행한다.

나. 양 손 풀기

- 첫 번째는 쌓아 놓은 컵 12개를 오른손은 오른쪽으로 왼손은 왼쪽으로 한 개씩 번갈아 옆으로 빠르게 옮긴다.
- 양쪽으로 옮겨 놓은 컵을 같은 방법으로 원래 모양인 기둥이 되도록 안쪽으로 옮겨 쌓는다.
  (놀이에도 규칙이 있어야 혼란스럽지 않으므로 시작은 무조건 오른손부터 한다.)
- 두 번째는 6개씩 나누어 놓은 컵을 양손으로 동시에 옮기는 것으로, 양손이 동시에 움직여 야 하는 것이 규칙이다.
- 밖으로 옮기고 나서 같은 방법으로 안으로도 옮겨본다.

다. 고속버스 손 풀기

- 6개의 컵을 1열 종대로 세우고 1개는 남겨둔다.
- 컵이 1열 종대로 서 있는 모양이 고속버스터미널에 버스가 대기하는 모양과 비슷해 보여 붙여진 이름이다.

남은 컵 하나는 오른손에 쥐고 기다리다가 시작 구호와 함께 한 손으로 순서대로 잡아 드는데 컵을 1개씩 잡을 때마다 서울, 대전, 대구, 부산, 찍고, 얍! 하고 외친다.
(잡고 드는 모든 과정을 한 손으로만 해야 하며 반대 손은 책상에 붙여둬야 한다.)
- 오른손을 충분히 풀고 나면 왼손도 같은 방법으로 진행한다.

라. 기찻길 손 풀기
- 12개의 컵을 2열 횡대로 세운 다음 몸 앞에 있는 컵부터 순서대로 잡아서 든다.
- 방법은 위에 고속버스 손 풀기와 같다.

  ***주의** 모든 손 풀기 경기는 미니게임으로 진행해도 좋다.

② 컵 뒤집기
- **준비물** : 놀이 컵 1인당 1세트
- **진행방법**
  - 컵 12개를 1열 종대로 세운 뒤에 오른손으로 빠르게 뒤집는다.
  - 왼손으로도 같은 방법으로 진행한다.
    (컵 놀이는 오른손 사용 이후 반드시 왼손도 진행해야 하며 왼손을 조금 더 많이 사용하는 것을 추천 한다.)
  - 12개의 컵을 1열 종대로 세우되 한 개는 바로 세우고, 한 개는 뒤집는 방법으로 세운 다음 두 개씩 양손으로 빠르게 뒤집는다.

③ 컵 탁구공 올리고 내리기
- **준비물** : 놀이 컵 2세트, 탁구공 24개
- **진행방법**
  - 책상 두 개를 마주 보게 하고 놀이 컵 12개씩을 1열 종대로 세우고 위에 탁구공을 하나씩 올려 둔다.
  - 시작과 동시에 모든 탁구공을 컵 아래로 넣는 팀이 승리한다.

- 반대로 컵 속에 있는 탁구공을 다시 컵 위로 올리는 경기도 진행해 본다.

④ **컵 컬링**
- **준비물** : 놀이 컵 2세트, 골프공, 책상
- **진행방법**
  - 팀 경쟁 방식으로 개인전, 단체전 모두 가능하다.
  - 다른 색 컵을 2세트 준비한다. 컵 아래 골프공을 넣는다.
  - 출발 지점에서 반대쪽으로 굴려 떨어지지 않고 가장 멀리 가는 팀이 승리
  - 1인당 3개의 컵이 주어지고 한 명씩 교대로 공격을 한다.
  - 상대방 컵을 쳐서 떨어뜨리는 것과 상대방 컵과 같이 떨어지는 것 모두 가능하며, 마지막까지 가장 멀리 있는 컵이 승리한다.

⑤ **컵 옮기기 (2인~4인)**
- **준비물** : 놀이 컵 조별로 1세트
  노란 고무줄 0.5cm 이상, 명찰 끈

- **진행방법**
  - 2인 1조의 경기에서는 한 사람이 끈을 두 개씩 잡고 경기하고, 4인 1조 경기에서는 4명이 각 한 개씩의 끈을 잡고 경기한다.
  - 쌓여있는 컵을 쓰러트리지 않게 고무줄을 벌려 컵을 잡은 다음 빼내어 정해진 곳으로 옮기는 경기이다. 천천히 모든 컵을 옮겨 쌓는다.
  - 컵 옮기기가 익숙해지면 컵을 옮겨 피라미드 모양으로도 쌓아본다.
  * **주의** 협동 미션으로 진행하기 좋아 팀 빌딩이나 레크레이션에도 활용하면 좋다.

- 컵 옮기기가 익숙해지면 컵을 옮겨 피라미드 모양으로도 쌓아본다.

* **주의** 협동 미션으로 진행하기 좋아 팀 빌딩이나 레크레이션에도 활용하면 좋다.

⑥ 컵 미션

- **준비물** : 놀이 컵
- **진행방법**
  - 지도자가 12개의 컵으로 만든 모양을 어르신들이 따라 만드는 것으로 앉아 있는 상태에서 보이는 그대로 만드는 것이 핵심이다.
  - 완성한 순서대로 "완성"이라고 외치는데, 지도자는 정답을 확인한 후 오답이 있을 때 정답을 알려주지 않고 몇 군데 틀렸는지 힌트만 제공한다.

⑦ 집, 마을, 성 쌓기

- **준비물** : 놀이 컵
- **진행방법**
  - 12개의 컵을 가지고 자기가 살 집을 만들어 본다. 지도자는 만들어진 집에 대해 질문하고, 대상자는 이야기를 짧게 풀어간다.
    * **예시** 누구와 함께 살고 싶은가?, 이 집에서 가장 하고 싶은 일은? 등
  - 옆의 짝과 함께 총 24개의 컵으로 우리 마을을 주제로 만들어 본다.
  - 만든 후 우리 마을에 대한 소개와 자랑을 발표한다.
  - 지도자는 참여 인원에 따라 위치를 정하여 컵을 1열 종대로 나란히 놓는다.
  - 인원이 많은 경우 바닥에서부터, 적은 경우는 책상 위에서 시작한다.
  - 지도자는 놓아둔 컵을 중심으로 한 사람씩 나와서 자신이 가지고 있는 컵을 피라미드 모양으로 쌓도록 일러준다.
  - 성을 완성한 후에 기념 촬영하고, 모든 대상자가 함께 건강과 행복을 기원하고, 동시에 성을 쓰러 뜨린다.

02 토스볼 놀이

    토스볼은 무게감이 있는 공으로 많이 굴러가지 않아 타겟 경기로 대부분 진행된다. 토스볼은 지름 10cm, 무게 500g으로 1세트에 빨강 3개, 파랑 3개로 구성되어 있다. 경기 방법은 숫자판이나 과녁판에 던지거나 굴려 넣어 점수를 얻는 형식이다. 공의 특성상 더 다양하게 놀 수 있는 방법이 많이 있어 소개하려 한다.

(1) 프로그램 구성

① 던지는 방법 – 오버핸드, 언더핸드, 굴리기
② 타겟 경기 – 목표 점수, 많은 점수
③ 후프 골인
④ 사다리 골인
⑤ 정력왕 – 레크레이션 용

(2) 프로그램 진행방법

① 던지는 방법 - 오버핸드, 언더핸드, 굴리기

- 준비물 : 토스볼
- 진행방법

가. 오버핸드
· 공을 놓고 위에서 감아 잡아 귀 옆으로 들어 올린 뒤 위에서 아래로 던진다.
 (투포환 동작과 비슷함)

나. 언더핸드
· 공을 손바닥 위에 올려서 팔을 뒤로 뺐다가 아래에서 위로 던진다.

다. 굴리기
· 공을 손바닥 위에 올린 뒤 몸을 낮추고 굴려준다.

② 타겟 경기 - 목표 점수, 많은 점수

- 준비물 : 토스볼, 과녁판
- 진행방법
- 시작 선과 과녁판의 거리는 2m~2m50cm 정도가 적당하다.
- 과녁판은 가지고 있는 것을 사용해도 된다. (굳이 세트 구매할 필요 없음)
- 팀 전으로 진행하며 한 사람에 3개씩 던지는데 한 번씩 번갈아 던진다.
- 목표 점수 경기는 시작할 때 목표 점수를 정하여 그 점수에 먼저 도달한 팀이 승리한다.
 * 예 50점 100점 등
- 목표 점수를 29점이나 37점 등으로 정하여 정확하게 그 점수를 기록하는

팀이 승리한다.

(예를 들어 29점이 목표 점수이면 28점을 얻은 상태에서 3점을 기록하면 31점으로 29점을 넘어 버리기 때문에 28점에서 그대로 머물고, 그 상태에서 다시 도전야 한다.)

- 많은 점수 : 참여 인원이 모두 다 던진 후 가장 많은 점수를 얻은 팀이 승리한다.

③ 후프 골인

- **준비물** : 색 토스볼 2개, 후프(지름 30~40cm) 빨강 4개, 파랑 4개

- **진행방법**
  - 시작 선에서 2m 정도 띄우고 후프를 2단으로 빨강, 파랑 순으로 놓는다.
  - 빨간색 공을 가진 팀은 빨강 후프에 넣어야 하며, 파란색 공을 가진 팀은 파랑 후프에 넣어야 하며 각각 1점이다.
  - 다른 팀에 넣는 경우는 2점을 상대방에게 준다.
  - 후프는 고정하지 말고, 움직여도 그대로 둬야한다. 공이 들어간 후프가 튕겨 나가면 점수를 얻지 못한다.

  * 주의 고정하지 않아야 변수가 생겨 재미있다.

④ 사다리 골인

- **준비물** : 토스볼, 라인테이프
- **진행방법**
  - 시작 선에서 1~1.5m 띄우고 사다리를 라인테이프를 붙여가며 사다리

모양을 만든다.
- 라인테이프를 두껍게 겹으로 붙여 사다리에 턱이 생기면 안 된다.
- 사다리는 가로 40cm, 세로 30cm로 6칸을 세로로 만든다.
- 한 사람이 6개의 공을 굴리는데 1칸에 1개씩 들어가면 6점 만점이다.
  * **주의** 이 경기는 토스볼을 던지면 안 되고 굴려야 한다.
- 토스볼 라인에 걸쳐지는 경우에는 많이 치우친 쪽으로 들어간다.
- 한 칸에 여러 개 들어가도 1점이다.
- 한 사람이 6개를 다 던지고 나서 지도자는 정확하게 점수를 측정해 준다.

⑤ 정력왕 - 레크레이션

- **준비물** : 토스볼, 라인테이프
- **진행방법**
  - 레크레이션으로 진행하기 적당한 경기로 토스볼 공을 다리 사이에 끼워 토스 라인에서 허리 힘으로 튕겨 가장 멀리 보내는 사람이 정력왕이 된다.
  - 정력왕을 선정하고 난 이후에 도전자를 받아서 추가 경기를 해도 재미있다.

03 볼로볼 놀이

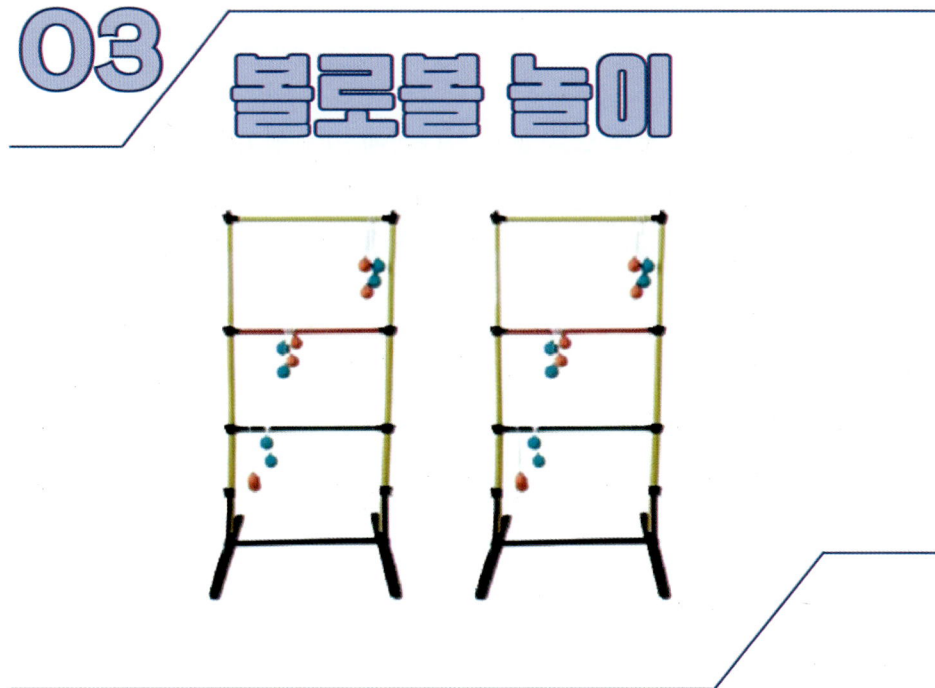

　사다리 모형의 타겟에 줄로 연결된 공을 던져서 가로막대에 공을 걸리게 해 점수를 얻어내는 경기이다. 원시시대 사냥도구에서 착안하여 만들어진 도구이다. 공의 모양은 줄의 양 끝에 골프공 모양의 단단 한 공이 달려있다. 레더 골프나 레더볼이라고 불리기도 한다. 사다리 바는 총 3개이며 맨 위 칸부터 3점, 2점, 1점이며 한 바에 3개를 모두 걸면 1점의 보너스 점수가 주어진다. 예를 들어 맨 위의 바에 3개를 다 걸면 점수 9점에 보너스 1점을 더하여 10점을 획득하게 된다

(1) 프로그램 구성

① 21점 만들기
② 3라운드 기록경기

(2) 프로그램 진행방법

① 21점 만들기

- **준비물** : 볼로볼, 라인테이프
- **진행방법**
  - 시작 선에서 3m 간격을 두고 사다리를 설치한다.
  - 한 라운드당 3개의 공을 던지고, 연속해서 던진다.
  - 양 팀 모두 3번씩 던지면 한 경기가 종료되고 획득한 점수는 기록해 둔다.
  - 각 경기의 승자가 다음 경기의 선공을 가지며, 21점을 정확하게 기록해야 승리할 수 있다.

  (예를 들어 20점을 얻은 상태에서 3점을 기록하면 23점으로 21점을 넘기 때문에 20점에서 머물며, 그 상태에서 다시 도전하여야 한다.)
  - 최종 21점에 도달하는 팀이 승리한다.

② 3라운드 기록경기

- **준비물** : 볼로볼 3개, 라인테이프
- **진행방법**
  - 총 3번의 경기로 진행된다. 첫 번째 경기는 시작 선과 사다리와의 간격을 2m, 두 번째 경기는 2m 50cm, 세 번째 경기는 3m의 간격으로 둔다.
  - 각 경기 마다 3번의 기회가 주어지며, 던져서 나온 점수를 모두 기록한다.
  - 결과를 취합하여 최종 우승자와 우승팀을 발표한다.

04 플라잉 원반 놀이

플라잉 원반은 원반 모양의 디스크를 던지는 종목으로 프리즈비(캐치볼과 비슷한 방식의 놀이로 두 명이 주고받는 것), 에어로비(멀리 날리기), 부메랑(던지면 돌아오는) 형으로 나누어진다. 경기 종류도 매우 다양하다. 본 교재에서는 뉴 스포츠 형식으로 진행하기 보다는 어르신들 수업에 적합하게 변형하였다.

플라잉 원반은 지름 외경 : 25cm, 내경 : 16.5cm로 링 모양이다. 딱딱한 소재의 플라잉 원반은 접시 대용으로 사용하기에 좋다.

(1) 프로그램 구성

① 스트레칭
② 데칼코마니 놀이
③ 골프공 이동하기
④ 칼라 점수 병 토스놀이
⑤ 플라잉 낚시

(2) 프로그램 진행방법

① 스트레칭

- 진행방법
  - 플라잉 원반 스트레칭은 접시 스트레칭과 거의 같게 하면 된다.
  - 가운데가 뚫려있어 접시로 하지 못하는 몇 가지 동작만 추가하면 된다.
  - 스트레칭할 때 접시와 플라잉 원반을 인당 2개씩 나눠준다.
  - 손목, 발목에 걸어 돌리기 (오른손, 왼손, 양손)
  - 던져서 받기 (오른손, 왼손, 양손), 던져서 박수치고 잡기

② 데칼코마니 놀이

- 진행방법
  - 초등학교 때 한 번쯤은 해 봤을 데칼코마니는 종이 위에 물감을 칠하고 종이를 반으로 접거나 다른 종이에 찍어 대칭되는 무늬를 만드는 것이다.
  - 지도자는 오른손을 활용하여 일정 동작을 하면 대상자들은 왼손으로 그 동작을 그대로 따라 하는 것이다.
  - 아래는 지도자가 하는 동작 예시이다. 오른손으로 플라잉 원반을 잡고
    - 가. 오른 종아리 2, 왼손 1, 오른 무릎2, 왼쪽 어깨1
    - 나. 오른 무릎1, 왼손1, 앞으로 돌리고2, 왼쪽어깨2
    - 다. 오른 무릎1, 왼쪽 팔꿈치1 / 오른 무릎1, 왼손1 / 오른 무릎1, 왼쪽 어깨1 / 오른 무릎1, 앞으로 팔 펴며 야~!

③ 골프공 이동하기

- 준비물 : 플라잉 원반, 골프공
- 진행방법
  - 플라잉원반을 뒤집으면 골프공이 들어갈 만한 홈이 있다. 거기에 골프공

을 넣고 경기를 진행한다.
- 모든 참가자에게 골프공을 하나씩 나눠 준다. 골프공을 플라잉원반 뒤에 놓고 떨어뜨리지 않게 돌린다.
- 골프공 이동하기는 릴레이 방식으로 진행하는데 골프공에는 절대로 손을 대면 안 되고, 플라잉원반으로만 옮겨야 한다.
- 원반에서 떨어지는 공은 처음으로 다시 시작하고 절대로 손을 대서는 안 된다.

④ 칼라 점수 병 토스놀이
- 준비물 : 플라잉원반, 칼라 점수 병
- 진행방법
  - 칼라 점수 병은 우드락이나 멀티 판에 500ml 병을 고정하여 제작한다.
  - 보통 고리 걸기는 고깔에 고리를 던져서 거는 놀이로 칼라 점수 병판은 5개 기둥을 X자로 배열한다.
  - 의외로 가운데 던져 넣기가 힘들다. 그래서 저자는 점수를 가운데 5점, 앞쪽에 1점, 3점으로 하고 뒤쪽에는 3점, 1점으로 배치하였다.
  - 첫 번째 경기는 1인 5개의 플라잉원반을 던져 많이 거는 팀이 승리한다.
  - 두 번째 경기는 1인 5개의 플라잉원반을 던져 많은 접수를 획득하는 팀이 승리한다.

⑤ 플라잉 낚시
- 준비물 : 플라잉원반, 끈, 병뚜껑(흰색, 하늘색, 빨간색), 빗자루
- 진행방법
  - 플라잉원반에 끈을 묶어준다. 너무 얇은 끈을 사용하면 던지고 가져오는 과정에서 끈이 꼬이기도 하므로 로프(0.5cm)를 추천한다.
  - 병뚜껑 흰색 200개, 하늘색 200개, 빨간색 20개를 섞어 시작 선에서

1.5m 떨어진 곳에 흩어놓는다.
- 플라잉원반을 던져 원 안으로 들어온 병뚜껑만 인정하는데 옆에 딸려오는 것들은 지도자가 빗자루로 빠르게 치워주면 재미있다.
- 첫 번째 경기는 1인 5번을 던져 많은 병뚜껑을 잡는 경기로 뚜껑의 색은 상관없이 개수만 파악하고, 빨간색 뚜껑은 1개당 5점의 추가 점수를 받는다.
- 두 번째 경기는 흰색 팀과 하늘색 팀으로 나눈 뒤 자신 팀의 색을 많이 끌어오는 것으로 상대방 팀 색의 병뚜껑은 인정하지 않는다. 빨간색 뚜껑은 1개당 5점의 추가 점수를 받는다.

***주의** 두 팀 이상으로 놀이 할 때는 병뚜껑 색을 늘려주면 된다.

05 오고 디스크 놀이

　오고 디스크는 배드민턴, 테니스 등과 같은 라켓으로 일반적인 라켓에 비하여 비교적 가볍고, 공이 닿는 면도 스트링이 아닌 부드러운 스판 재질의 망으로 되어있다.
　오고 볼의 지름은 7cm로 둥글고 단단한 공이 아니라 고무 가닥으로 만들어져있어, 바닥에 떨어져도 튕기거나 구르지 않고, 가볍고 안전하여 아동에서 노인까지 실내에서 운동하기에 좋다.

(1) 프로그램 구성

① 튕기기
② 주고받기
③ 던지기
④ 서브 받아치기, 토스 받아치기

(2) 프로그램 진행방법

① 튕기기

- **준비물** : 오고 디스크, 오고 볼
- **진행방법**
  - 먼저 오고 디스크로 공을 튕기는 요령을 빨리 습득하도록 지도하고 충분히 연습하도록 한다.
  - 오고 디스크는 떨어지는 공을 힘을 주어 치지 않고, 잘 받기만 해도 잘 튕겨진다.
  - 충분한 연습을 하고 난 뒤에 최대한 많이 튕기기를 하는데 머리 위로 올라간 공만 인정해 준다.
  - 디스크를 한 손에 쥐고 앞으로 한번 뒤로 돌려 한번 교차로 튕겨본다. 한 면으로 계속 튕길 수 없고, 교차하여 튕긴 개수만 인정한다.
  - 위의 방법으로 개인전을 진행하고 난 후에 두 팀으로 나누어 동시에 함께 튕기기를 해서 공이 떨어진 사람들은 멈추고, 마지막까지 살아남은 팀이 승리한다.

② 주고받기

- **준비물** : 오고 디스크, 오고 볼
- **진행방법**
  - 짝과 함께 볼을 주고받는데 랠리(rally), 즉 볼을 주거니 받거니 계속 치는 상태를 노인들이 하기에는 다소 무리가 있다. 그래서 받은 공을 계속 튕기는 상태에서 다시 패스하는 것은 인정해 준다.
  - 충분한 연습 시간을 가진 후 가장 많이 주고받은 팀이 승리한다.

③ 던지기

- **준비물** : 오고 디스크, 볼링핀, 큰 소쿠리 등
- **진행방법**
  - 오고 디스크는 디스크 라켓 자체를 던지는 놀이도 가능하다. 야외수업의 경우 캐치볼로도 놀이가 가능하나 실내 놀이로서는 적절하지 않다.
  - 실내에서는 볼링 핀을 놓고 오고 디스크를 던져 쓰러트리거나, 큰 소쿠리를 놓고 던져 넣기를 하면 좋다.

④ 서브 받아치기, 토스 받아치기

- **준비물** : 오고 디스크, 오고 볼, 벨크로 과녁, 스펀지 공, 소쿠리 등
- **진행방법**
  - 먼저 서브 방법을 연습하는데, 공을 디스크 위에 놓고 높이 튕겨 오른 공을 받아치는 것이다. 튕겨 서 떠오르는 공을 받아치는 것은 쉽지 않으므로 충분한 연습을 하게 한다.
  - 1인당 5개의 오고 볼을 던져 소쿠리에 넣는 경기를 해본다.
  - 같은 방법으로 스펀지 공을 던져 벨크로 과녁에 맞추어 본다. 점수가 있는 과녁은 점수를 합하고, 없는 것은 붙인 개수가 많은 팀이 승리한다.
  - 그 다음 경기는 지도자가 던져주는 공을 쳐서 타겟을 맞추는 경기로 1인 5회의 기회가 주어지며 규칙은 서브 받아치기와 같다.

06 EVA 원형 칩 놀이

　원형 칩은 인터넷으로 검색할 때는 EVA게임칩이라고 검색하면 되고, 한 면은 파란색, 반대쪽은 빨간색으로 지름은 4cm로 구입한다. (3cm는 크기가 많이 작아서 다양한 게임에 활용하기 어렵다.)

(1) 프로그램 구성

① 알까기
② 뒤집기
③ 쌓기
④ 그리기

(2) 프로그램 진행방법

① 알까기

- **진행방법**
  - 손가락으로 튕겨내어 상대편 칩을 책상 밖으로 떨어트리는 놀이로 마지막에 책상 끝에 칩이 남아 있는 팀이 승리하는 경기이다.
  - 선공을 정하고 진 팀부터 시작한다. 1인당 5개의 칩이 주어지며 한 명씩 교대로 공격을 한다.
  - 상대방 칩을 쳐서 떨어뜨려도 되고, 상대방 칩과 같이 떨어지는 것 모두 가능하지만 마지막까지 가장 멀리 있는 칩이 승리한다.

② 뒤집기

- **진행방법**
  - 조별로 진행하며 팀당 150~200개의 칩을 나눠준 다음 같은 색에서 시작하여 가장 빠르게 모든 칩을 뒤집은 팀이 승리한다.
  - 두 번째 방법은 개인 기록경기로 책상 가장자리에 100개 이상의 칩을 가지런히 놓아둔 뒤 정해진 시간 안에 얼마나 많이 뒤집는지 알아보는 경기이다. 주어지는 경기 시간은 20~30초로 짧게 하는 것이 좋다.

③ 쌓기

- **진행방법**
  - 개인 또는 조별로 진행하며, 첫 번째는 집중력을 발휘하여 한 줄로 칩을 쌓아 올리는 경기이다.
  - 두 번째는 전략 경기로 다른 도구는 사용하면 안 되며 칩만으로 쓰러뜨리지 않고 무조건 높게 세우는 경기이다.

- 위의 경기 모두 정해진 시간까지 진행하며, 지도자가 높이를 측정할 때까지 칩이 쓰러지지 않고 있어야 인정된다.

④ 그리기
- **진행방법**
  - 칩을 활용하여 그림을 그리는 놀이로, 미션을 주고 협심하여 가장 잘 그린 팀이 승리한다.
  - 도형 그리기 (동그라미, 네모, 세모, 별 등)
  - 단어 적기 (자기 이름이나 지도자가 제시한 단어를 칩으로 크게 적는다.)
  - 하트 그리기 : 놀이의 마지막에 진행하며 한 팀은 파란색, 다른 팀은 빨간색으로 하트모양을 만든 다. 단, 팀원들이 하트 안에 모두 들어갈 정도의 큰 모양으로 만든다.

07 플레이 스쿠프 놀이

플레이 스쿠프는 국자, 주걱이라는 뜻으로 공을 국자로 뜨듯이 던지고 받는 활동을 하는 도구이다. 기존의 놀이 방법 이외에도 실버 도구로 다양하게 응용이 가능하다.

(1) 프로그램 구성

① 기본 활동
② 패스 활동
③ 골인 활동
④ 응용 활동

(2) 프로그램 진행방법

① 기본 활동
- **준비물** : 플레이 스쿠프, 공
- **진행방법**
  - 선공을 정하고 진 팀부터 시작한다. 1인당 5개의 칩이 주어지며 한 명씩 교대로 공격을 한다.
  - 상대방 칩을 쳐서 떨어뜨려도 되고, 상대방 칩과 같이 떨어지는 것 모두 가능하지만 마지막까지 가장 멀리 있는 칩이 승리한다.

가. 공뜨기
- 떨어진 공을 손을 대지 않고 스쿠프로 줍는 연습을 한다. 스쿠프를 순간적으로 앞으로 밀거나, 옆으로 밀어 줍는다.

나. 던지고 받기
- 스쿠프 속에 있는 공을 위로 던져 받는 것으로, 먼저 오른손, 왼손 각각 한 손으로 던져 받기 연습을 한다.
- 그 다음은 양손에 스쿠프를 쥐고 오른쪽에 공을 놓고 위로 던져 왼쪽으로 받고, 반대로도 해본 다. 잘 되는 사람들은 양손에 공 두 개를 던져 받기를 해본다.

다. 튕겨서 받기
- 공을 바닥에 튕겨서 스쿠프로 받는 것으로, 던지고 받기와 같은 방법으로 연습해 본다.

② 패스 활동
- 진행방법

가. 마주보고 굴려 받기
- 굴러오는 공을 스쿠프로 떠서 받는다.

나. 마주보고 튕겨 받기
- 스쿠프 안에 있는 공을 바닥에 튕겨 마주보는 사람이 받는 경기이다.

다. 마주보고 던져 받기
- 팔을 아래에서 위로 올리며 스쿠프로 상대방에게 공을 던져주고 받는다.

③ 골인 활동
- 준비물 : 플레이 스쿠프, 공, 넓은 소쿠리, 긴 통, 훌라후프
- 진행방법

가. 던져서 넣기
- 시작 선에서 공을 던져서 긴 통이나 넓은 소쿠리에 골인 시킨다.

나. 굴려서 넣기
- 스쿠프 공을 굴려 작은 후프나 훌라후프에 넣는 놀이로 힘 조절이 중요하다.

④ 응용 활동
- 준비물 : 플레이 스쿠프, 공, 볼링 핀, 접시 콘, 탁구공, 폼포미, 볼풀공 등
- 진행방법

가. 전달하기
- 팀별로 마주 보게 일렬횡대로 서서 스쿠프를 활용하여 공 20개를 먼저 전달하는 팀이 승리한다. (손을 대거나 떨어진 공은 처음부터 다시 한다.)

나. 접시 콘
- 접시 콘을 바닥에 흩어놓고 소쿠리에 들어있는 공을 스쿠프로 떠서 같은 색 접시 콘 위에 올린 다. 떨어진 공은 무효로 한다.

다. 같은 색 뜨기
- 큰 소쿠리에 다양한 색의 탁구공이나 폼포미를 담아두고, 지도자가 정해주는 색을 한 스쿠프에 많이 담는 사람이 이기는 경기로 담는 중에 다른 색이 섞여 있으면 –1점이 된다.
- 절대로 손을 사용하면 안 된다.

라. 스쿠프 볼링
- 시작 선에서 2m을 띄우고, 볼링핀 두 세트를 나란히 60cm 정도의 간격을 두고 설치한다.
- 1인당 3번의 기회가 주어지며 스쿠프채로 공을 굴려 쓰러트린다.
- (주의) 공은 한 번씩 교대로 굴리며, 상대팀 볼링 핀을 쓰러트리면 상대방의 점수로 인정한다.

4. 창작 놀이
creative play

01. 원목 자치기 놀이

02. 써클볼 놀이

03. 소쿠리 블랙홀 놀이

04. 아이스크림 놀이

05. 파리채 놀이

06. 뒤집기 놀이

07. 사랑의 전구 놀이

08. 병뚜껑 하드 스틱 놀이

09. 너트놀이

10. 색 팔레트 놀이

11. 뚫어뻥(호떡) 놀이

12. 원목 빙고

창작 놀이 파트에서는 창의력에 기반하여 자체 제작 한 교구를 만드는 방법과 놀이 법을 모두 알려주고자 한다.

01 원목 자치기 놀이

본디 자치기란 채로 알의 끝을 쳐서 공중으로 튀어 오르는 것을 다시 채로 힘껏 쳐서 멀리 보내는 경기이다. 주로 마당이나 골목 등에서 하던 놀이인데 원목 자치기는 책상 위에서 경기할 수 있도록 만든 교구이다.

(1) 교구 구성 및 제작 방법

가. 사각 판 위에 삼각 틀을 붙인 다음, 삼각 틀의 길이로 시소 형식의 막대를 고정 시킨다.

나. 막대의 한쪽 끝에는 공을 담을 수 있는 것을 부착한다. 저자는 두꺼운 볼풀공을 반으로 잘라 붙였다.

다. 채는 탁구채를 활용하면 되고, 공은 너무 크지 않고 무게감이 있는 공이 좋으며 저자는 MBR꼬리볼을 사용했다.

(2) 프로그램 진행방법

- **준비물** : 자치기판, 꼬리볼 10개, 탁구채, 미니텐트, 큰 소쿠리, 라인테이프
- **진행방법**
  - 책상 두 개 간격은 2m로 각각 놓는다.
  - 한쪽 책상에는 원목 자치기를 놓고 반대쪽 책상에는 미니 텐트를 설치한다.
  - 한 경기에 5번의 기회가 주어지고 총 3회로 진행하며 텐트 속에 골인하면 1점을 획득한다.
  - 가장 많은 점수를 얻은 팀이 승리한다.

*****주의** 어르신들의 경우에는 쳐서 튀어 오른 공을 맞추는 것은 어렵다. 공을 맞춰서 멀리 보내는 연습부터 해보고, 큰 소쿠리 등에 넣는 경기를 진행해 본 후에 미니 텐트 경기하는 것을 추천한다.

02 써클볼 놀이

써클볼은 업사이클링 놀이교구로 명절이면 흔히 볼 수 있는 선물상자로 만드는 것이다. 더 좋은 재료도 있지만 무겁고 조잡해지기 쉬움으로 선물상자를 추천한다.

(1) 교구 구성 및 제작 방법

가. 상자 크기는 가로 70cm, 세로 40cm로 준비한다.
   이 정도 크기는 탁구공 14개로 경기를 진행할 수 있는 사이즈이다.
나. 상자를 비운 다음 상자에 딱 맞게 폼보드판을 자른다.
다. 폼보드판은 구멍 뚫기가 조금 힘들어도 두께(10t) 사이즈가 좋다.
   구멍을 뚫어야 하는데 구멍의 크기는 병뚜껑 (3cm)이 적당하고 구멍 간의 간격은 8cm~9cm가 적당하다.

(2) 프로그램 진행방법

- **준비물** : 써클볼 놀이판 2개 이상
- **진행방법**
  - 개인전 팀전 모두 가능하다.
  - 써클볼 놀이판을 가로로 들고 탁구공은 모두 구멍에서 빼놓는다.
  - 시작과 동시에 모든 탁구공을 구멍에 넣는 사람이 승리한다.
  - 팀전은 앞 선수가 성공한 뒤에 다음 선수에게 넘기는 릴레이 방식으로 진행하여 마지막 선수까지 먼저 성공한 팀이 승리한다.

03 소쿠리 블랙홀 놀이

블랙홀 놀이는 비슷한 패턴들이 많고 시중에 완성된 교구도 많이 판매되고 있지만 가격이 높은 편이라 만들어 사용하는 것을 추천한다. 여러 재료들로 블랙홀 교구를 만들어 본 결과 원형 채반 소쿠리 중 가운데 둥근 부분에 구멍을 뚫어 사용하는 것이 가장 만족스러웠다. 가운데 구멍은 탁구공보다 약간 넓은 지름으로 뚫어 사용한다.

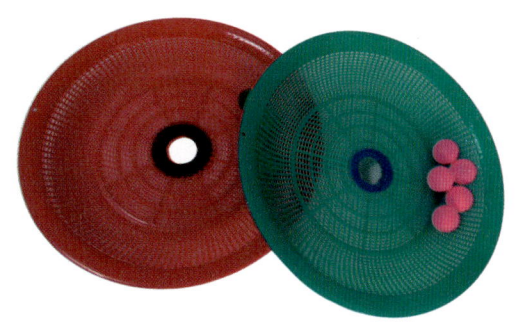

(1) 교구 구성 및 제작 방법

가. 플라스틱 원형 채반 소쿠리는 지름 45cm로 준비한다.

나. 중심 부분을 탁구공 크기보다 살짝 크게 오려낸다. 플라스틱이라 날이 좋은 조각칼 등으로 잘라 지기도 하지만 위험할 수 있으니 인두기를 이용하거나 인두기가 없다면 칼끝을 불에 달궈 끊어 내는 것도 좋다.

다. 잘라낸 부분은 잘 다듬고 테두리에 부직포 등으로 약간의 턱을 만들어 주면 탁구공이 쉽게 빠져 나오는 것을 막을 수 있다.

라. 협동 블랙홀은 특대 사이즈(지름65cm)의 소쿠리를 준비하여 탁구공보다

큰 공이 들어갈 정도의 구멍을 뚫어준다.

마. 소쿠리 테두리에 구멍을 뚫어 끈을 묶어 손잡이를 4개~6개 만들어 준다. (손잡이가 없어도 무관하지만 체육대회나 레크레이션을 위해 만들어 두는 것이 좋다.)

사. 경기에 사용하는 공은 볼풀공이나 PU공이 적당하다.

(2) 프로그램 진행방법

- **준비물** : 소쿠리 블랙홀 2개 이상, 받을 수 있는 소쿠리, 탁구공
- **진행방법**
  - 소쿠리 블랙홀에 탁구공을 10개 올린다.
  - 탁구공에는 절대로 손을 대면 안 되고 소쿠리 테두리를 잡고 돌려서 구멍으로 모든 탁구공을 골인 시키면 승리한다.
  - 협동 블랙홀 경기는 4명~6명이 둘러서서 손잡이를 잡고 돌려서 구멍으로 모든 탁구공을 골인시키 면 승리한다.

아이스크림 놀이

부직포와 하드스틱으로 만드는 아이스크림 놀이는 색인지 교구로도 활용 가능하며, 속도를 빨리하는 레크레이션 경기에도 좋다.

(1) 교구 구성 및 제작 방법

가. 칼라 아이스크림 스틱 대(약 1.9cm x 15.0cm)와 소(약 1cm x 11.5cm)를 준비한다. 칼라 아이스크림 스틱은 빨강, 주황, 노랑, 초록, 파랑, 보라색으로 구성되어 있으며 부직포도 같은 색깔로 각각 구입한다. 부직포는 접착, 비접착이 있어 만드는 방법의 차이가 있지만, 어떤 종류를 선택하여도 무관하다.

나. 한 세트 구성은 색깔별로 네 개씩이며 총 24개를 만든다. 크기는 아이스크림 스틱의 크기에 비례해서 2가지로 만든다.

가. 칼라 아이스크림 스틱 대(약 1.9cm x 15.0cm)와 소(약 1cm x 11.5cm)를 준비한다. 칼라 아이스크림 스틱은 빨강, 주황, 노랑, 초록, 파랑, 보라색으로 구성되어 있으며 부직포도 같은 색깔로 각각 구입한다. 부직포는 접착, 비접착이 있어 만드는 방법의 차이가 있지만, 어떤 종류를 선택하여도 무관하다.

나. 한 세트 구성은 색깔별로 네 개씩이며 총 24개를 만든다. 크기는 아이스크림 스틱의 크기에 비례해서 2가지로 만든다.

다. 먼저 아이스바 모양의 도안을 만들어 자른다. 큰 사이즈는 가로 8cm X 세로 17cm, 작은 사 이즈는 가로 6.5cm x 세로 13cm 정도가 좋다. 도안을 대고 부직포를 오린 다음 두 개를 붙여 주는데 하드 스틱이 들어갈 부분은 남겨 둔다.

라. 큰 사이즈와 작은 사이즈 모두 똑같은 구성으로 필요한 만큼 만들어 둔다.

(2) 프로그램 진행방법

- **준비물** : 아이스크림 교구
- **진행방법**
  - 아이스크림교구 한 세트를 준비해 하드 스틱을 분리하여 마구 섞어준다.
  - 시작과 동시에 같은 색의 스틱을 찾아 아이스크림에 꽂는다.
  - 깔끔하게 색깔별로 분류하여 정리한 팀이 승리한다.
  - 지도자는 불량품(다른 색이 끼워진 것 등)이 있는지 확인한 후에 최종 우승자를 발표한다.

05 파리채 놀이

  파리채 놀이는 파리채에 벨크로 테이프를 붙여 부직포나 펠트지로 만든 작은 교구들을 붙여서 가져오는 놀이이다. 보통은 파리채로 잡는 것으로 파리나 개구리 등의 동물들을 만들지만, 많은 양을 만들기에는 힘들 것이다. (아이들보다는 성인들이 잡는 속도가 빠르기 때문에 훨씬 많은 양을 만들어야 한다.)

  펠트지의 경우 색이나 재질 모두 깔끔하기 때문에 만들기용으로 많이 활용되지만 파리채에 붙는 벨크로 테이프 까슬이에는 잘 붙지 않아 별도로 보슬이를 붙여줘야 하며, 부직포의 경우에는 깔끔하지는 않지만 벨크로 테이프 보슬이를 붙이지 않아도 잘 붙고 가격도 저렴해서 부직포를 추천한다.

(1) 교구 구성 및 제작 방법

가. 파리채로 잡는 종류를 두 가지로 만드는데 첫 번째는 빨간 부직포를 활용하여 하트를 만든다. 하트의 크기는 가로 10cm x 세로 10cm가 적당하 이는 빠르게 잡기 놀이를 위한 것으로 되도록 많은 양을 만들어 놓는 것

이 좋다.

나. 세모, 네모, 동그라미를 가로 10cm x 세로 10cm의 크기로 만든다. 한 개의 도형을 6가지 색으로 3장씩 만든다. (1세트 총 54장) 파리채는 길이 조절이 되는 안테나형을 구입하여 꼭 한 면에 만 벨크로우 테이프를 붙여준다.

(2) 프로그램 진행방법

- **준비물** : 파리채, 하트 부직포, 도형 부직포
- **진행방법**
  - 하트 부직포를 사용하는 경기는 주어진 시간 안에 하트를 많이 잡는 경기이다. 주의 사항은 파리 채로 쳐서 하트를 한 개씩 붙여가야 한다. 파리채로 쓸어서 가져가는 것은 무효로 한다.
  - 도형 부직포는 미션을 수행하는 경기 방식이다. 예를 들면 '삼각형 모양만 잡기', '빨간색만 잡기' 등 한 가지 미션이나, '파란색 노란색 빨간색의 원형 잡기' 등 두 가지 이상의 혼합 미션이 있다.
  - 지도자는 다양한 미션 도구를 미리 만들어 둔다.

06 뒤집기 놀이

뒤집기 놀이는 운동회 등에서 단체 경기로 많이 활용하는데, 보통은 EVA소재의 색판(빨강, 파랑)을 사용한다. 본 교재에서는 펠트지나 부직포를 활용하여 만들어 사용하는 법을 알려두려 한다.

(1) 교구 구성 및 제작 방법

가. 뒤집기 교구는 전(찌짐) 뒤집기, 계란 뒤집기의 두 종류로 만들어 본다.

나. 전 뒤집기는 지름 10cm의 원형으로 한 면은 빨간색, 다른 면은 노란색의 펠트지를 잘라 붙여준 다. 접착식 펠트지를 사용하는 것도 좋고 양면테이프도 잘 붙어 좋지만, 가장자리는 박음질 해주 는 것이 좋다.

다. 계란 뒤집기는 빨강, 파랑, 흰색, 노랑의 4가지 색 펠트지를 준비한다. 계란 뒤집기는 원형으로 만들면 되나 손재주가 있는 분들은 아래 계란 모양으로 만들어주면 더 좋다. 앞면은 흰색 바탕에 노른자를 붙여주고 절반은 뒤에 파란색, 절반은 빨간색 펠트지를 붙여준다.

라. 한 경기에 필요한 개수는 색깔별로 20개~25개 정도면 좋다.
  (총 40~50개)

(2) 프로그램 진행방법

- 준비물 : 전 뒤집기, 계란 뒤집기, 스텐 뒤집개
- 진행방법

가. 전 뒤집기 놀이는 두 가지 방법이 있다.
- 첫 번째는 각각 같은 개수를 지급하고 빠르게 뒤집는 팀이 승리한다.
  뒤집기를 할 때 오른손, 왼손, 양손으로 나누어 3회 진행 한다.
- 두 번째는 경쟁 방식으로, 반반씩 한판에 깔아놓고 시작과 동시에 자신에게 주어진 색으로 뒤집는다.
- 이때 지도자는 헷갈릴 수 있게 지령을 내린다. 예를 들면 빨간색은 고추전(고추찌짐)팀, 노란색은 호박전(호박찌짐)으로 하여 고추전팀은 '모두 고추전으로 만드세요.(빨간색으로 뒤집으세요)'나 '고추전을 많이 파세요.(빨간색이 안보이도록 뒤집으세요)' 등으로 경기 직전에 지령을 준다.
- 시작과 동시에 지령대로 뒤집으며, 정해진 시간(40초~1분이 적당) 안에 많이 뒤집은 팀이 승리한다.

  * 주의 지령을 혼돈되게 하면 자기 색을 뒤집다가도 순간 혼돈되어 상대 팀 색을 뒤집기도 하는 등 재미있는 상황이 많이 생긴다.

07 사랑의 전구 놀이

플라스틱 병뚜껑과 우드락 또는 폼보드를 활용하여 만드는 놀이교구로 저렴하고 간단하게 만들 수 있다. 색 탁구공이나 볼풀공은 강사 대부분이 가지고 있을 것이다. 새로운 교구를 사는 것도 좋지만 가지고 있는 교구를 활용하기 위해 지속적으로 연구한다면 더 다양 한 놀이가 만들어질 것이다.

병뚜껑 색깔은 보유하고 있는 탁구공과 볼풀공 중에서 중복되는 색 4가지를 선정한다. 저자는 빨강, 파랑, 노랑, 초록색을 선택했다. (파스텔 색상보다 원색을 추천)

요즘은 플라스틱 병뚜껑으로 키링이나 그립톡을 만드는 등 업사이클링 재료로 인기가 있어서인지 병뚜껑만 따로 파는 경우도 있지만, 굳이 구입하지 말고 다양한 병뚜껑을 모아 깨끗하게 씻어두길 권한다.

(1) 교구 구성 및 제작 방법

가. 전구 놀이 1세트 기준 우드락 가로 60cm, 세로 90cm, 두께 1t를 준비하고, 병뚜껑은 색깔별 로 20개씩을 준비한다. 접착은 폭 2.5cm 정도의 접

착력 좋은 양면테이프가 좋다.

나. 우드락은 반(60cm × 45cm)으로 자르고 병뚜껑은 가로 5cm, 세로 7cm 간격을 두고 붙인다.

다. 한판에 40개의 병뚜껑을 붙여준다.

(2) 프로그램 진행방법

- **준비물 :** 전구 놀이판, 탁구공, 볼풀공, 장 집게, 중간 집게
- **진행방법**

 -책상 위에서 경기할 때는 중간 집게로, 바닥에서는 장 집게를 활용한다.

 - 시작과 동시에 **빠르게** 탁구공 또는 볼풀공을 채우는 팀이 승리한다.

 *** 주의** 중간 집게는 탁구공 잡기가 쉽고, 장 집게는 볼풀공을 잡기가 수월하니 지도자는 적절하게 순서를 정해준다.

08 병뚜껑 하드 스틱 놀이

플라스틱 병뚜껑과 우드락 또는 폼보드를 활용하여 만드는 두 번째 놀이교구로 재료는 같으나 병뚜껑을 다르게 배치하여야 한다. 앞의 사랑의 전구 놀이와 같은 재료를 준비한다.

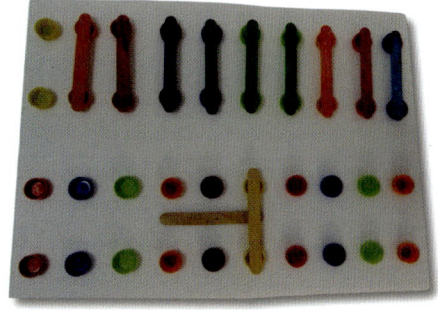

(1) 교구 구성 및 제작 방법

가. 칼라 하드스틱은 6가지(빨강, 주황, 노랑, 초록, 파랑, 보라)로 구성되어 있다. 조금 더 난이도를 높이고자 하면 우드스틱에 매직으로 색을 칠하면 된다.
나. 스틱과 같은 색의 병뚜껑을 1세트 기준 16개를 준비한다.
다. 병뚜껑 간의 간격은 14cm 로 스틱길이 15cm 보다 조금 작게 붙인다.
라. 한쪽을 먼저 붙인 뒤 반대쪽은 같은 구성으로 붙이되 순서를 다르게 한다.
마. 똑같은 구성은 4세트 만들어 두면 좋다. (인원이 많은 곳 대비)

(2) 프로그램 진행방법

- 준비물 : 병뚜껑 하드 스틱 놀이판, 컬러 하드 스틱, 우드 하드 스틱
- 진행방법
  - 놀이판 한쪽에 컬러 하드 스틱을 같은 색깔의 병뚜껑 위에 올려둔다.
  - 우드 하드 스틱을 세로로 잡고, 반대쪽에 같은 컬러 병뚜껑 위로 옮긴다.
  - 손을 사용하면 안 되고 바닥에 떨어진 경우는 지도자가 원래 있던 곳으로 옮겨준다.
  - 오른손, 왼손으로 경기해 본다.
  - 조금 더 어렵게 진행하려면 얇은 하드 스틱을 잡고 옮기면 된다.

09 너트놀이

너트 놀이는 우리가 아는 철 너트를 활용한 놀이이다. 사이즈는 M12(약20cm)이고 스텐이나 일반너트를 추천한다. 검정 너트는 깔끔하긴 하나 처음에 손에 묻어나기도 하니 깨끗하게 닦아 사용할 것을 권한다. 레크레이션용으로 M20 (약30cm)도 30~60개 정도 구매해 두면 좋다. 추가로 필요한 젓가락은 튀김용으로 사각형보다 둥근형이 좋다.

(1) 프로그램 진행방법

- **준비물 : 너트, 튀김용 젓가락**
- **진행방법**
  - 인원이 적은 곳은 개인전으로, 인원이 많은 곳은 4인 1조 정도가 적당하다.
  - 너트를 나눠주고 모두 가로로 눕히게 한다.
  - 먼저 오른손으로 눕혀 있는 너트를 빠르게 세워 본다. 다시 눕힌 후 왼손으로 세워 본다.
  - 미니경기로 너트를 옆으로 눕혀서 쌓아 본다. 지도자는 더 높이 쌓을 수 있게 독려해 준다.
  - 그 다음 다시 모든 너트를 눕혀놓은 후 손을 사용하면 안 되고 젓가락에 너트를 꽂아 준다. 꽂아 진 너트는 손으로 잡을 수 없으며 시간 내에 가장 많이 잡은 팀이 승리한다.
  - 다시 너트를 눕힌 후 젓가락으로 잡아 하나씩 빠르게 세운다.
  - 세워 놓은 너트를 잡아 세로로 높이 세워 본다.
  - 마지막으로 양손을 활용하여 세로로 가장 높게 세우기를 한다.

10 색 팔레트 놀이

색 팔레트 놀이는 원형 미술 팔레트나 접시를 활용하여 만든 색인지 놀이이다. 준비할 재료로는 시트지, 펠트지, 나무 집게는 중(1cm×4.5cm), 대(1.2cm×7.3cm)로 준비한다. 나무 집게는 컬러로 판매 중인 것도 있지만 색상이 다양하지 않고 팔레트에 들어가는 색상과 차이가 있어 일반집게로 구입해 같은 색의 시트지를 붙이면 된다.

(1) 교구 구성 및 제작 방법

가. 첫 번째 팔레트는 원형 팔레트와 나무 집게는 대 사이즈, 펠트지를 준비한다. 팔레트는 10칸짜리로 굴곡이 있는 것이며 집게를 많이 벌려야 꽂을 수 있다. 펠트지는 여러 가지 색으로 구입해 도 좋지만, 색상이 중복되어도 상관없으므로 가지고 있는 재료를 적극 활용하자.

나. 펠트지를 원형으로 잘라 팔레트에 글루건을 활용하여 붙인다. 10칸을 채우는데 혼돈되기 쉬운 색들은 꼭 함께 구성해야 한다.
예를 들어 연두와 초록, 빨강과 주황, 보라와 파랑 등이 있다.

다. 한 칸에 두 개의 집게가 꼽힐 수 있게 끔 집게에도 같은 색의 펠트지를 붙여준다. 원형 팔레트 1개와 대 집게 20개를 똑같이 한 세트 더 만든다.

라. 두 번째 팔레트는 플라스틱 접시를 활용하는 것으로 작은 집게를 여러 개 꽂을 수 있다. 펠트지를 이용해도 좋지만, 색 시트지를 사용해도 깔끔하다.

마. 원형으로 자른 시트지를 9개~10개 접시 가장자리에 일정한 간격을 두고 붙인다.

바. 중간 집게에도 같은 색의 시트지를 붙이는데 1칸에 3개의 집게가 사용된다. 위와 같은 방법으로 2개 1 세트를 만든다.

(2) 프로그램 진행방법

- **준비물** : 색 팔레트 교구
- **진행방법**
  - 원형 팔레트 놀이 방법은 시작과 동시에 각자 정해진 집게를 정확하게 먼저 꽂는 사람이 승리하는 것이다.
  - 접시 팔레트 놀이 방법은 4명이 1조로 경쟁 방식으로 진행되며 집게의 개수는 조금 모자라게 넣어 준다. 한 색깔 당 3개의 집게를 꽂아야 하는데 집게의 개수가 모자라기 때문에 모두 완성할 수는 없다. 정확한 자리에 3개씩 가장 많이 꼽은 사람이 승리 한다.

11 뚫어뻥(호떡) 놀이

막힌 곳을 뚫는데 사용하는 뚫어뻥을 가지고 노는 놀이로 일명 호떡 놀이라고도 한다. 뚫어뻥은 크기가 큰 것과 작은 것 모두 가능하나 책상 위에서는 작은 것을 추천한다.

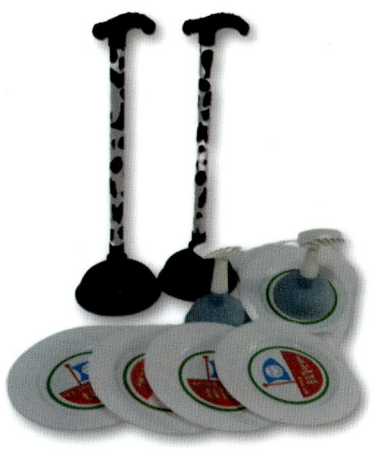

(1) 프로그램 진행방법

- 준비물 : 뚫어뻥, 접시
- 진행방법
  - 협력 놀이로 팀당 3명의 사람이 필요하다. 한 사람은 접시를 바닥에 내려주고, 한 사람은 뚫어뻥으로 접시를 들어 올리면 마지막 사람은 붙어있는 접시를 떼어내서 정리한다. 접시는 15개~20개 가 적당하며 모든 과정을 빠르게 진행한 팀이 승리한다.
  - 3선 2승제로 진행하되 매 경기마다 역할은 바꿔서 진행한다.
  - 책상 위에서는 작은 뚫어뻥으로, 바닥에서 경기할 때는 자루가 긴 뚫어뻥을 활용한다.

12 원목 빙고

과녁 놀이의 일종으로 제작하였다. 대부분의 과녁 놀이는 과녁판 등에 공을 던져 점수를 더하는 방식으로 이루어지는데, 이 경기는 점수가 아니라 빙고를 해야 한다. 탄력이 좋은 것들을 던지면 대부분 튕겨 나가서 놀이가 진행되기가 어렵다. 그래서 정사각 모양의 스펀지 주사위 (9.5cm×9.5m)를 사용하거나 원형이라도 무게감이 있는 토스볼을 사용한다. 던지는 것에 따라 다른 변수로 재미가 있으니 다양하게 사용하길 추천한다.

(1) 교구 구성 및 제작 방법

가. 가로 50cm, 세로 50cm, 정면 높이 10cm, 측면, 후면 높이 30cm로 제작하였다.

나. 본 교재에서는 나무로 제작하였지만 투명한 아크릴판이나 가벼운 보드판으로도 제작 가능하다.

다. 3×3의 피규어장 중에 비슷한 사이즈를 구매해서 사용해도 무방하다.

(2) 프로그램 진행방법

- **준비물** : 원목 빙고 판, 사각 주사위 또는 토스볼
- **진행방법**
  - 시작 선과 원목 빙고 판의 거리는 1.5m 둔다.
  - 1인당 주사위를 6번 던질 수 있는 기회가 주어지고, 3개 만에 빙고를 달성하면 5점, 4개는 4점, 5개는 3점, 6번을 다 던져서 빙고를 하면 1점이다.
  - 각 라운드 당 0.5m씩 멀어지며, 총 3번의 경기를 진행한다.
  - 결승전은 가장 성적이 좋은 사람들이 나와 3번의 기회 안에 빙고 하는 사람이 최종 승리자가 된다.

손유희

Hand play

1. 손유희 종류별 목록
2. 손유희 종류별 실제

제4장
손유희

hand amusement

1. 손유희 종류별 목록

■ 오프닝 손유희 목록

1. 나는 나를 사랑해
2. 나를 사랑합니다. (노래 : 생일 축하합니다)
3. 사랑해 행복해 좋아해 (노래 : 산토끼)
4. 손뼉을 쳐봐요
5. 안녕 안녕 하세요 (노래 : 닐리리 맘보)
6. 영감 왜 불러 (노래 : 잘했군 잘했어)
7. 우리 모두 다함께 (관계형성)
8. 인사하고 인사하고 짝짝짝
9. 주먹 어디 있니?
10. 토끼, 펭귄, 우리는 이렇게 인사해요 (노래 : 산토끼)

■ 출석 손유희 목록

1. 00야 놀자!

2. 00에 가면 00도 있고 (미션 / 릴레이)

3. 내 마음 짝지 줄게

4. 내 이름은 000 거꾸로 하면 000

5. 내 짝지는요

6. 산토끼 출석

7. 얼씨구 절씨구 지화자 좋다

8. 절대 음감 출석

9. 쿵쿵따

10. 하나 둘 셋 넷 자기소개하기

■ 뇌 활성화 손유희 목록

1. 깡충깡충 토끼가 – 사랑 (노래 : 산토끼)

2. 몸(통) 별명 외우기

3. 묻고 답하기

4. 방귀가족

5. 연상 손유희 – 릴레이

6. 영어 박수

7. 오른손 왼손 숫자세기

8. 짜장송

9. 참새

10. 하나하면 할머니가

■ 박수 손유희 목록

1. 디스코 박수
2. 묵찌빠 박수 - 불량배
3. 벌리고 오므리고 박수
4. 뽀빠이 박수
5. 서울 대전 대구 부산 제주 박수 (국내)(국외)
6. 아빠 짝! 엄마 짝! 친구 짝!
7. 잠버릇 박수
8. 탁빼기 박수
9. 사랑해 좋아해 박수
10. 더하기 빼기 박수

■ 추천 손유희 목록

1. 기쁠 때는 기쁠 때는
2. 똥구멍 웃음 (노래 : 서울구경)
3. 숟갈랄라 젓갈랄라
4. 오와 하나는
5. 인간 사물놀이
6. 일과 하나는
7. 친구야 나는 너를 사랑해
8. 통시리즈 - 목욕통 도라무통(드럼통의 방언)
9. 통통통통 - 여덟 영감님
10. 화장박수 - 성형박수

2. 손유희 종류별 실제

1) 오프닝 손유희

(1) 나는 나를 사랑해

노랫말	손 유 희
나는 나를 사랑해	두 손을 가슴에 두 번 마주 대고 머리 위로 하트
나는 나를 사랑해	두 손을 가슴에 두 번 마주 대고 머리 위로 하트
나는 나를 사랑해	두 손을 가슴에 두 번 마주 대고 머리 위로 하트
( ) 사랑해	(해당 율동을 하고) 머리 위로 하트

- 괄호 안에 들어갈 말을 자연스럽게 유도한다.
- 자신을 얼마나 사랑하는지 말과 행동으로 표현하게 지도한다.
- '말도 못하게 사랑해' / ' 하늘만큼 땅만큼 사랑해' / '세상 누구보다 사랑해' / '구석구석 사랑해' '많이 사랑해' 등
- 나를 사랑하고 나서 옆에 있는 짝에게 똑같은 방법으로 '나는 너를 사랑해'하고 더 과감하게 표현 한다.

(2) 나를 사랑합니다. (노래 : 생일 축하합니다.)

노랫말	손 유 희
나를 사랑합니다.	두 손을 가슴에 마주대고 머리 위로 큰 하트
나를 사랑합니다.	두 손을 가슴에 마주대고 가슴 앞에 중간 하트
사랑하는 (내 이름)	얼굴에 꽃받침 하고
나를 사랑합니다.	두 손을 가슴에 마주대고 손가락 하트 만들어 마구 날리기

- 손유희 전에 생일 축하 노래를 다 같이 박수 치면서 큰 소리로 부른다.
- 같은 음으로 '나를 사랑합니다.' 하고 자기 이름을 크게 부르며 노래한다.
- 나를 충분히 사랑하고 난 후 '친구 사랑합니다.' 하고 오늘 수업을 같이하

는 친구들에게 노래 불러주고 짝의 이름을 크게 외쳐준다.

(3) 사랑해 행복해 좋아해 (노래 : 산토끼)

노랫말	손 유 희
사랑해 사랑해	손가락 하트를 만들어 바로 옆에 짝에게 날린다.
사랑해 사랑해	손가락 하트를 멀리 있는 친구들에게 날린다.
사랑! 사랑! 사랑해	손가락 하트를 오른손-왼손-양손 순서로 위로 올렸다 내린다.
사랑해 사랑해	손가락 하트를 모든 친구들에게 빠르게 날린다.

노랫말	손 유 희
행복해 행복해	두 손을 가슴 앞에 포개어 돌린다.
행복해 행복해	행복한 만큼 더 크게 돌린다.
행복! 행복! 행복해	포갠 손을 앞으로 밀었다가 당긴다.
행복해 행복해	더 행복해지도록 빠르게 돌린다.

노랫말	손 유 희
좋아해 좋아해	친구들과 손을 잡고 흔든다.
좋아해 좋아해	친구들이 좋은 만큼 더 크게 흔든다.
좋아! 좋아! 좋아해	손잡은 상태에서 위로 올렸다가 내린다. (펄쩍펄쩍 뛰어도 됨)
좋아해 좋아해	손잡고 놀러가 듯이 신나게 흔든다.

- 수업 시작 전 세상에서 가장 예쁜 단어 3개를 발표하게 지도한다.
- 사랑해 행복해 좋아해 세 단어를 유도하여 산토끼 노래에 맞춰 손유희를 진행한다.

(4) 손뼉을 쳐봐요

노랫말	손 유 희
손뼉을 쳐봐요 (짝짝짝)	즐겁게 노래 부르다 (손뼉 3번 크게 치며 '짝짝짝'이라고 외친다)
손뼉을 쳐봐요 (짝짝짝)	즐겁게 노래 부르다 (손뼉 3번 크게 치며 '짝짝짝'이라고 외친다)
행복한 일이 생깁니다.	두 손을 가슴 앞에 포개어 돌린다.
손뼉을 쳐봐요 (짝짝짝)	즐겁게 노래 부르다 (손뼉 3번 크게 치며 '짝짝짝'이라고 외친다)

- 위와 같은 음으로 다양한 상황을 만들어 지도한다.
- 순서를 외우게 하거나 상황에 맞는 동작과 소리를 내게 한다.
- 아래 예시를 보고 더 재미있게 확장하길 바랍니다.

노랫말	손 유 희
다리를 굴러요 (으아앙!)	발을 굴리며 '으아앙~~!' 이라고 소리 낸다.
즐거운 일이 생깁니다.	팔을 접어 날갯짓을 한다.

노랫말	손 유 희
소리를 질러요 (야~호)	양손을 입 옆에 대고 '야~~호' 하고 크게 소리 낸다.
놀라운 일이 생깁니다.	양손 옆으로 벌린 후 어깨를 으쓱으쓱한다.

노랫말	손 유 희
신나게 웃어요. (하하하)	박수를 치면서 '하하하하하~~' 하고 크게 웃는다.
건강한 일이 생깁니다.	이두박근을 뽐낸다.

노랫말	손 유 희
인사를 해봐요. (안녕하세요)	손을 흔들거나 배꼽인사를 하면서 '안녕하세요.' 하고 소리 내어 인사한다.
사랑할 일이 생깁니다.	손가락 하트를 만들어 흔든다.

- 손뼉을 치면 – 행복한 일
- 다리를 구르면 – 즐거운 일
- 소리를 지르면 – 놀라운 일
- 신나게 웃으면 – 건강한 일
- 인사를 하면 – 사랑할 일

(5) 안녕 안녕 하세요. (노래 : 닐리리 맘보)

노랫말	손 유 희
안녕 안녕 하세요 반갑습니다.	양 손을 들고 신나게 흔들며
우리 모두 다함께 인사합시다.	호들갑을 떨며 크고 신나게 인사한다.
안녕 안녕 하세요 반갑습니다.	양 손을 들고 신나게 흔들며
우리 모두 다함께 칭찬합시다.	호들갑을 떨며 크고 신나게 칭찬한다.
안녕 안녕 하세요 반갑습니다.	양 손을 들고 신나게 흔들며
우리 모두 다함께 안아줍시다.	사랑스럽게 꼭 안아준다.

(6) 영감 왜 불러 (노래 : 잘했군 잘했어)

노랫말	손 유 희
짠짜 짜짜짜 짠짜자 짠짜 짜짜짜 짠짜자	두 손을 마주 잡고 옆으로 흔들며
영감(왜 불러)	두 손을 마주 잡고 밀고 당기며 노래한다.
뒤뜰에 뛰어 놀던 병아리 한 쌍을 보았소(보았지)	
어쨌소 (이 몸이 늙어서 몸보신하려고 먹었지)	
잘했군 잘했어 잘했군 잘했군 잘했어	쎄쎄쎄 하듯이 위아래로 흔들며
그러게 내 영감이라지	손잡은 짝을 꽉 안아준다.

- 노래를 부를 때 강사가 선창하고 어르신들이 괄호 안에 노래를 후창하는 방법과 짝과 함께 선창과 후창을 정해서 노래하는 방법이 있다. 어르신들이 좋아하는 노래는 수업 시작 전 오프닝으로 부르기 정말 좋다.
- 어르신들의 수업에서 손유희는 지도하고 실행하는 것으로 끝내는 것이 아니라 활동을 확장하여 서로 소통하게 만드는 것이 최종 목표이다.
- 위 손유희에서는 몸보신을 위해 병아리를 잡아먹었지만, 다른 동물의 이름을 넣어 미션이 달라지도록 해본다.
- (예) 병아리 – 꽉 안아 준다.
   똥돼지 – 꽉 안고 흔들어 준다.
   송아지 – 꽉 안고 흔들고 펄쩍펄쩍 뛰어준다.

(7) 우리 모두 다함께 (관계형성)

노랫말	손 유 희
우리 모두 다 같이 인사해 - 안녕!	오른손 번쩍 들어 '안녕' 하고 크게 인사한다.
우리 모두 다 같이 칭찬해 - 최고!	엄지 척을 하고 '최고' 하고 크게 외친다.
우리 모두 다 같이 유혹해 - 유후!	입 아래 손바닥을 붙이고 윙크하며 '유후'
우리 모두 다 같이 안아줘 - 이리와!	두 팔 벌려 '이리와!!' 하고 마주 안아준다.

- 우리 모두 다 같이 인사해 까지는 날갯짓을 하며 신나게 노래한다.
- 위에 손유희를 하고 나서 '우리 모두 다 같이 한번에' 하면 미션을 연속으로 해준다.
- (예) 우리 모두 다 같이 한번에 – 안녕! 최고! 유후! 이리와! 하고 꼭 안아주기

(8) 인사하고 인사하고 짝짝짝

노랫말	손 유 희
인사하고 인사하고 짝짝짝	배 위에 두 손을 가지런히 하고 인사 하고나서 손뼉3
인사하고 인사하고 짝짝짝	배 위에 두 손을 가지런히 하고 인사 하고나서 손뼉3
돌아돌아 돌아돌아 짝짝짝	두 팔을 둥글게 돌리고 나서 손뼉3
돌아돌아 돌아돌아 짝짝짝	두 팔을 둥글게 돌리고 나서 손뼉3

- 돌아돌아 부분은 반복하면 되고 인사하고 부분은 재미있는 상황들과 율동을 만들어 두기를 추천한다.
- (예) 악수하고 악수하고 짝짝짝 / 윙크하고 윙크하고 짝짝짝
  안아주고 안아주고 짝짝짝 / 뽀뽀하고 뽀뽀하고 짝짝짝

(9) 주먹어디 있니?

노랫말	손 유 희
주먹 어디 있니? 주먹 어디 있니?	두 손을 뒤에 숨긴다.
여기 있어요! 여기 있어요!	오른손 주먹 꺼낸 후 반대 손 주먹을 꺼낸다.
데굴데굴 짝짝 데굴데굴 짝짝	(꺼낸 주먹을 둥글게 두 번 돌리고 나서 손뼉2) X4
데굴데굴 짝짝 데굴데굴 짝짝	

- 주먹과 가위와 보의 특징을 살려서 하는 인사 손유희로 주먹을 하고 나서 다시 손을 뒤로 숨긴 후에 가위로 만든다.
- 가위 어디 있니? 가위 어디 있니? 여기 있어요! 여기 있어요! 싹둑싹둑 짝짝 싹둑싹둑 짝짝 싹둑싹둑 짝짝 싹둑싹둑 짝짝
- 보 어디 있니? 보 어디 있니? 여기 있어요! 여기 있어요!
- (1번 인사) 오른손은 배꼽, 왼손도 배꼽 (배꼽인사하며) 안녕하세요. 반갑습니다.
- (2번 인사) 오른손은 위로, 왼손도 위로 (두 손을 흔들며) 안녕하세요. 반갑습니다.

(10) 토끼, 펭귄, 우리는 이렇게 인사해요 (노래 : 산토끼)

노랫말	손 유 희
토끼는 이렇게 인사를 하지요	(날갯짓2 손뼉1) X4
오른손 들고 왼손 들고	오른손 펴서 머리 위, 왼손 펴서 머리 위에 붙이고
머리를 흔들고	머리를 살짝 흔들어주며
까딱 까딱 까딱 까딱	머리 위에 손을 까딱 까딱 하며 친구들과 재미있게 인사한다.

노랫말	손 유 희
펭귄는 이렇게 인사를 하지요	(날갯짓2 손뼉1) X4
오른손 들고 왼손 들고	오른손 펴서 골반 옆, 왼손 펴서 골반 옆에 올리고
엉덩이를 흔들고	엉덩이를 귀엽게 흔들어주며
뒤뚱 뒤뚱 뒤뚱 뒤뚱	뒤뚱 거리며 친구들과 재미있게 인사한다.

노랫말	손 유 희
우리는 이렇게 인사를 하지요	(날갯짓2 손뼉1) X4
오른손 들고 왼손 들고	오른손 펴서 얼굴 옆, 왼손 펴서 얼굴 옆에 올리고
두 손을 흔들고	두 손을 둥글게 돌리며
싱글 벙글 싱글 벙글	싱글 벙글 웃으면서 친구들과 재미있게 인사한다.

2) 출석 손유희

출석 손유희는 생략하여도 무방하지만 어르신들의 수업 참여도를 높이기 위해서는 진행하는 것을 추천한다. 앞에서도 언급하였지만 20명이 넘을 경우는 자칫 지루해질 수 있으니 주의해야 한다. 어르신들 수업을 하면서 가장 안타까운 부분 중의 하나는 본인이 참여하는 것은 좋아하나 다른 사람의 활동을 기다려 주지 않는 것이다.

출석 손유희를 진행하면서 가장 효과를 본 부분이 다른 사람의 활동을 지켜보며 상황에 따라 같이 웃고 울어 주며 공감하고 참여하는 모습이었다.

이름을 지속적으로 불러주고 그 이름을 외우고 하는 과정이 처음에는 다소 어색하거나 힘들 수도 있지만 우리 강사님들도 자기만의 출석을 진행해 봤으면 한다.

(1) OO야 놀자!
- 지혜야! 놀자!

(성을 뺀 이름을 모두 함께 불러준다)
- 대상자의 대답을 기다린다.

(그래 놀자, 같이 놀자, 밥 먹는다, 나중에 놀자 등의 재치 있는 답이 많이 나온다)
- 대상자의 대답 이후에는 하이파이브나 최고의 리액션은 필수이다.

(2) OOO에 가면 OOO도 있고 (미션 / 릴레이)
- 부산에 가면 김지혜도 있고 (미션)

(수업을 진행하고 있는 기관이나 단체, 지역명을 앞에 넣고 본인의 이름을 뒤에 넣어 차례대로 발표하는데 회기마다 미션을 다르게 진행하면 좋다)
- 미션 (예) 귀엽게, 예쁜척하며, 섹시하게, 멋지게, 큰 소리로, 멋지게 등
- 한 사람이 끝나면 바로 다음 사람으로 이어지도록 지도한다.
- OOO에 가면 OOO도 있고 (릴레이)
- 스마일에 가면 김지혜도 있고
- 스마일에 가면 김지혜도 있고 박윤자도 있고
- 스마일에 가면 김지혜도 있고 박윤자도 있고 홍길동도 있고..........
- 인원이 적거나 수업을 오래한 곳 친분이 많은 곳에서 진행하면 좋다.
  (기관이나, 주간보호센터 등은 쉽지 않음)
- 맨 앞사람은 본인의 이름만 부르면 되지만 맨 마지막 사람은 모두의 이름을 불러야 한다.
- 강사는 이름이 불릴 대상자의 얼굴을 보고 이름을 부를 수 있도록 짚어 주면 좋고 혼란스러워할 때는 살짝 힌트를 준다.

(3) 내 마음 짝지 줄게

지혜	내 손 한번 치고
마음	내 가슴 한번 치고
윤 자	내 이마 한번 치고
줄 게	짝 손을 한번 치면서 내 마음을 전달한다

- 지혜 마음 윤자 줄게 (본인 이름을 앞에 넣고 짝 이름을 뒤에 넣는다)
- 출석 부르기 시작 전에 짝의 이름을 알고 있냐고 질문을 한 뒤에 이름을 확인하게 한다.
- 책상에 앉아 짝이 미리 정해져서 수업을 진행하는 곳에서는 한 사람이 먼저 마음을 주고 짝이 답을 해주는 방식으로 진행하면 된다.
- 어르신들이 횡대로 앉아있는 경우에는 다음 사람에게 릴레이로 진행하면 된다.

(4) 내 이름은 OOO 거꾸로 하면 OOO

- 내 이름은 김지혜 반대로 하면 혜지김
  (무릎1 / 손뼉1 / 오른손 엄지척1 / 왼손 엄지척1)
- 본인의 이름을 바로 부르고 난 후에 거꾸로 불러본다.
- 어르신들의 이름에 받침이 많은 경우에는 더 혼돈되어 웃게하고, 거꾸로 읽었을 때 재미있는 이름 때문에 폭소를 터트리기도 한다.
  (예) 내 이름은 안해동, 거꾸로 하면 동해안
  　　 내 이름은 이순덕, 거꾸로 하면 덕순이 등
- 출석 부르기에 이어 인지 수업으로도 가능한데, 글자 수 3개~5개 정도 단어들로 문제를 내어본다.
  (예) 원숭이, 기러기, 콩나물, 코카콜라, 브로콜리 등

(5) 내 짝지는요
- 두 사람이 마주보고 양손을 잡는다. 한 사람이 먼저 내 짝지는요 김지혜 이구요 멋진 친구입니다. (내 짝의 이름을 먼저 이야기하고 어떤 친구인지 말한 후 짝이 같은 방법으로 답해준다.)
- 내 짝지는요 박윤자 이구요 진짜 착한 친구입니다.
- 이야기 한 후에 '더 사랑하겠습니다.' 하고 꼭 안아준다.

(6) 산토끼 출석

노랫말	손 유 희
산토끼 토끼야	김~짝 지혜짝 (성, 손뼉1 / 이름, 손뼉1)
어디로 가느냐	김지혜 짜악짝 (이름 / 손뼉2)
깡충깡충 뛰면서	김짝지짝 혜짝짝 (성, 손뼉1/가운데 이름, 손뼉1/마지막 이름, 손뼉2)
어디를 가느냐	김지혜 짜악짝 (이름 / 손뼉2)

- 산토끼 노래에 맞춰 출석을 부르는 것으로 '짝'이 나오는 부분에 손뼉을 친다.
- 음에 맞춰서 미션을 수행하기에는 다소 난이도가 높은 편이다.
- 힘들 때는 앞쪽의 미션을 두 번하는 것도 좋다.

(7) 얼씨구 절씨구 지화자 좋다.
- 먼저 순서가 '얼씨구 절씨구 지화자 좋다'라고 지도한다.
- 강사가 얼씨구를 선창하면 절씨구를 후창하고, 지화자 하면 좋다를 외치게 한다.
- 맨 처음 사람부터 시작하고 본인의 이름을 크게 외치면, 다 같이 '얼씨구'하고 손뼉을 한번 쳐 준다. 같은 방법으로 바로 다음 사람이 이름을 외치면 '절씨구', 다음은 '지화자'로 외쳐주고 '좋다'에 걸린 사람은 손뼉을 치면서 한쪽 다리도 들어준다.
- 그렇게 모든 사람의 이름을 호명한 뒤에 강사는 미션을 준다.

- 미션 (예) '지화자'에 걸리신 분들 일어나서 크게 웃어 보세요 얼씨구'에 걸리신 분들은 일어나서 춤을 춥니다. 등

(8) 절대 음감 출석
- 절대음감게임을 활용한 출석이다.
- 김지혜 김지혜 김지혜
  (이름 앞 글자부터 순서대로 발음에 악센트를 주고 말한다)

(9) 쿵쿵따
- 순서대로 본인이 이름을 크게 외치면, 다 함께 '쿵쿵따' 하고 외쳐준다.

(10) 하나 둘 셋 넷 자기소개하기
- 하나 둘 셋 넷 자기 소개하기(양손 무릎 박수 오른손 왼손)
- 하나 둘 (무릎 박수) 나는 지혜 (오른손 왼손) 모두 다 같이 외쳐준다.
  (지혜 지혜)

3) 뇌 활성화 손유희

(1) 깡충깡충 토끼가 (사랑고백) (노래 : 산토끼)

노랫말	손 유 희
깡충깡충 토끼가 강원도로 갔더니	토끼 귀를 만들어 까딱/팔을 저으며 걸어감
못생긴 토끼가 "마이 사랑합니다."	얼굴을 못생기게 표현하며

노랫말	손 유 희
깡충깡충 토끼가 충청도로 갔더니	토끼 귀를 만들어 까딱/팔을 저으며 걸어감
느림보 토끼가 "나가 그짝을 많이 사랑허요."	느릿느릿하게

노랫말	손 유 희
깡충깡충 토끼가 경상도로 갔더니	토끼 귀를 만들어 까딱/팔을 저으며 걸어감
뚱뚱한 토끼가 "내 아를 낳아도."	배를 볼록하게 만들며

노랫말	손 유 희
깡충깡충 토끼가 전라도로 갔더니	토끼 귀를 만들어 까딱/팔을 저으며 걸어감
날씬한 토끼가 "으따 거시기 허요."	몸을 옆으로 돌리며 날씬한 척 하며

노랫말	손 유 희
깡충깡충 토끼가 제주도로 갔더니	토끼 귀를 만들어 까딱/팔을 저으며 걸어감
귀여운 토끼가 "내가 니를 하영 소랑 함쑤다."	양 볼에서 주먹을 돌리며 귀엽게

노랫말	손 유 희
깡충깡충 토끼가 (센 터)로 갔더니	토끼 귀를 만들어 까딱/팔을 저으며 걸어감
멋쟁이 토끼가 "아이 러브 유."	잘난 척 하며 느끼하게

- 사랑 고백을 지역별 사투리로 표현하는 손유희로 (어떤 지역으로 가서 – 어떤 토끼를 만나서 – 어떻게 고백을 받았는가)가 연결되야 하고(강원도-충청도-전라도-경상도-제주도-센터 또는 기관) 의 순서대로 외워야 한다.
- 뇌 활성화 손유희 진행 시에는 조급해하지 말고 천천히 반복적으로 교육하는 것이 좋다.
- 절대로 재촉하면 안 되며 재미있게 진행하여 자연스럽게 받아들일 수 있도록 한다.
- 토끼를 표현하거나 사투리를 맛깔나게 구사하도록 하며, 해당 지역이 고향인 어르신들에게 발표하게 하는 것도 좋다.

(2) 몸(통) 별명 외우기

노랫말	부위	손유희
골통 골통 골통 밑에	머리	두 손으로 머리를 3번 두드리고
목통 목통 목통 밑에	목	두 손으로 목을 3번 두드리고
우유통 우유통 우유통 밑에	가슴	두 손으로 가슴을 3번 두드리고
밥통 밥통 밥통 밑에	배	두 손으로 배를 3번 두드리고
오줌통 오줌통 오줌통 뒤에	방광	두 손으로 배 아래를 3번 두드리고
똥통 똥통 똥통 앞에	엉덩이	두 손으로 엉덩이를 3번 두드리고
무릎통 무릎통 무릎통 밑에	무릎	두 손으로 양 무릎을 3번 두드리고
발통 발통 발통 합!	발	두 발을 6번 굴리고 두 손을 마주잡으며 합!

- 머리부터 발끝까지 별명을 붙여주고 해당 부위를 두드리며 순서대로 외운다.
- 외우는 순서는 머리에서부터 아래로 내려오는 방법과 발에서부터 위로 올라가며 외우는 방법이 있다.
- 순서가 어느 정도 인지되었다면 강사는 임의로 신체 부위를 선택하고 어르신들은 해당 부위의 별 명을 빠르게 대답하는 방식으로 놀이를 하는 것도 좋다.

(3) 방귀가족

노랫말	소리	손유희
아빠 손가락이 방귀를 뀐다	빵빵 빵빵빵빵	시원한 소리
엄마 손가락이 방귀를 뀐다	뽀오옹~~호옹	수줍은 소리
아들 손가락이 방귀를 뀐다	빠락빠락 빨랄랄랄라	방정맞은 소리
딸 손가락이 방귀를 뀐다	피쉬익~~뽕	참다가 나오는 소리
막내 손가락이 방귀를 뀐다	뽕뽀로뽕뽕 뽕뽕	귀여운 소리

(4) 묻고 답하기

노랫말	손 유 희
하나는 뭐니? 빗자루 다리	손가락으로 하나 좌우로 흔들고 빗자루로 바닥 쓸듯이
둘은 뭐니? 닭다리	손가락으로 둘 좌우로 흔들고 닭 부리 모양을 만들어
셋은 뭐니? 지게다리	손가락으로 셋 좌우로 흔들고 지게 지듯이
넷은 뭐니? 밥상다리	손가락으로 넷 좌우로 흔들고 손가락으로 사각형을 그림
다섯은 뭐니? 손가락	손가락으로 다섯 좌우로 흔들고 손가락을 꼼지락 꼼지락
여섯은 뭐니? 파리다리	손가락으로 여섯 좌우로 흔들고 파리 흉내
일곱은 뭐니? 북두칠성	손가락으로 일곱 좌우로 흔들고 하늘에 북두칠성을 그림
여덟은 뭐니? 문어다리	손가락으로 여덟 좌우로 흔들고 여덟 손가락을 꼼지락
아홉은 뭐니? 구미호 꼬리	손가락으로 아홉 좌우로 흔들고 여우 꼬리 흉내
열은 뭐니? 오징어	손가락으로 열 좌우로 흔들고 손뼉 3번치면서 오징어 외침

(5) 연상 손유희
- 연상 손유희는 강사가 제시하는 주제에 맞는 것들을 릴레이로 이야기하는 것으로
- 바나나 밭에 바나나가 길쭉길쭉 (긴 것을 떠올려 보세요)
  (예상 답안) 오이, 기차, 뱀, 밧줄, 팬티 고무줄 등
- 한 사람씩 돌아가거나 팀별로 경기를 해도 좋다. 어르신들은 통상적으로 긴 것이 아닌 것을 즉흥적으로 대답할 경우 무조건 틀렸다고 하면 안 되고 그 답이 왜 길다고 생각하는지 이유를 물어본 후 이유가 타당하면 답으로 인정해 준다.
- 경기로 진행할 경우 대답을 많이 한 팀이 승리한다.
- 사과밭에 사과가 빨개 빨개 (빨간 것을 떠올려 보세요)
  (예상 답안) 고추, 딸기, 토마토, 당근 (빨갛다고 하기 애매한 답은 꼭 확인) 등

- 호박 밭에 호박이 넙적넙적 (넙적한 것을 떠올려 보세요)
  (예상 답안) 부추전, 내 얼굴, 엉덩이, 가마솥 등

(6) 영어 박수 (421같이 박수)

오른쪽 (한글)	부위	손유희
뽀뽀	머리	키스
우유	목	밀크
통닭	가슴	치킨
엉덩이	배	히프

- 421같이 박수로 진행한다.
- 421같이 박수란? 레크레이션형 손유희에서 많이 활용하는 기법으로 4번 2번 1번 순으로 박수를 치면서 진행한다. 아래와 같이 진행하고, 빠르게 정확하게 답을 해야 한다.
- 레크레이션에서는 8421과 같이 박수를 많이 사용한다.
- 오른쪽 부위를 터치 할 때는 한글, 왼쪽 부위를 터치 할 때는 영어로 이야기 한다.

(4번) 뽀뽀 뽀뽀 뽀뽀 뽀뽀 짝짝짝짝 / 키스 키스 키스 키스 짝짝짝짝
　　　우유 우유 우유 우유 짝짝짝짝 / 밀크 밀크 밀크 밀크 짝짝짝짝
　　　통닭 통닭 통닭 통닭 짝짝짝짝 / 치킨 치킨 치킨 치킨 짝짝짝짝
　　　엉덩이 엉덩이 엉덩이 엉덩이 짝짝짝짝 / 히프 히프 히프 히프 작짝짝짝

(2번) 뽀뽀 뽀뽀 짝짝 / 키스 키스 짝짝
　　　우유 우유 짝짝 / 밀크 밀크 짝짝
　　　통닭 통닭 짝짝 / 치킨 치킨 짝짝
　　　엉덩이 엉덩이 짝짝 / 히프 히프 짝짝

(1번) 뽀뽀 짝 / 키스 짝
　　　우유 짝 / 밀크 짝

통닭 통닭 짝짝 / 치킨 치킨 짝짝
엉덩이 엉덩이 짝짝 / 히프 히프 짝짝
(같이) 뽀뽀 / 키스 / 우유 / 밀크 / 통닭 / 치킨 / 엉덩이 / 히프 짝짝짝짝
전 분야에 많이 쓰이는 박수 기법이니 잘 숙지해 두자

(7) 오른손 왼손 숫자 세기

오른손(서수)	왼손(기수)
일, 이, 삼, 사, 오	하나, 둘, 셋, 넷, 다섯

- 양손을 주먹 쥔 상태에서 오른 손가락을 펴면서 서수를 말하고, 왼 손가락을 펴면서 기수를 말한다.
  (일, 하나 / 이, 둘 / 삼, 셋 / 사, 넷 / 오, 다섯)
- 왼손 오른손 순서로 한 손가락씩 펴며 번갈아 가면서 말한다.
  (하나, 일 / 둘, 이 / 셋, 삼 / 넷, 사 / 다섯, 오)
- 거꾸로도 세어보고, 반대로 펴진 손가락을 접으면서도 세어본다.
  (오, 다섯 / 사, 넷 / 삼, 셋 / 이, 둘 / 일, 하나)
  (다섯, 오 / 넷, 사 / 셋, 삼 / 둘, 이 / 하나, 일)
- 시간을 두고 천천히 진행한다. 한 단계가 어느 정도 익숙해 지면 다음 단계로 응용한다.

(8) 짜장송

노랫말	손 유 희
짜증날 때 짜장면	양쪽 검지를 펴서 뿔처럼 머리 위에 올리고
우울 할 때 울면	주먹을 쥐고 눈 옆에 붙여 우는 것 처럼
복잡할 때 볶음밥	두 손을 마구 엉키면서
팔딱 팔딱 팔보채	날 손을 펴서 날갯짓 하면서
설렁할 때 설렁탕	몸을 감싸 안으며
알쏭달쏭 알 탕	양쪽 검지를 펴서 가슴 앞에서 좌우로 흔들며
헷갈릴 때 해물탕	양쪽 검지를 펴서 머리 옆에서 돌리며
탕탕탕탕 탕수육	사랑의 총을 쏘듯이

- 단어와 상황이 전혀 상관없지만 첫글자가 같거나 발음이 비슷하다.
- 외우기도 좋고 재미있어 뇌 활성화로 사용하기에 좋다.
- 비슷한 조합들을 시리즈별로 만들어 두면 좋다.

(9) 참새

노랫말	손유희
참새 한 마리가 날아와서 머리 위에 앉았다	손가락으로 하나하고 날갯짓하다가 머리위에 착지
딱딱하다. 딱딱하다. 돌덩이 같다 짹짹짹짹 짹~짹	주먹으로 머리를 두드리고 날갯짓 후 손뼉1
참새 두 마리가 날아와서 콧구멍 위에 앉았다	손가락으로 둘 하고 날갯짓하다가 콧구멍에 착지
깜깜하다. 깜깜하다. 동굴 같다 짹짹짹짹 짹~짹	손바닥으로 눈앞을 가리고 날갯짓 후 손뼉1
참새 세 마리가 날아와서 뺨 위에 앉았다	손가락으로 셋 하고 날갯짓하다가 뺨 위에 착지
말랑하다. 말랑하다. 찐빵 같다 짹짹짹짹 짹~짹	뺨 옆에서 주먹을 조물조물 날갯짓 후 손뼉1

참새 네 마리가 날아와서 배꼽위에 앉았다	손가락으로 넷 하고 날갯짓하다가 배꼽 위에 착지
간질간질 간질간질 간지럽다 짹짹짹짹 짹~짹	배꼽을 간지럽히다 날갯짓 후 손뼉1
참새 다섯 마리가 날아와서 엉덩이 위에 앉았다	손가락으로 다섯하고 날갯짓하다가 엉덩이위에 착지
냄새난다. 냄새난다. 도망가자 짹짹짹짹 짹~짹	코앞에서 손을 흔들다 도망가다 날갯짓 후 손뼉1

(10) 하나 하면 할머니가

노랫말	손 유 희
하나 하면 할머니가 지팡이 짚고서 잘잘잘	허리를 구부리고 지팡이 집고 가듯이 하고 손뼉3
둘 하면 두부장수 두부를 판다고 잘잘잘	두부 종을 울리듯 손을 흔들고 손뼉3
셋 하면 새색시가 시집을 간다고 잘잘잘	이마에 손을 대고 절 하듯이 손뼉3
넷 하면 냇가에서 빨래를 한다고 잘잘잘	빨래 빨듯이 치댄 후에 손뼉3
다섯 하면 다람쥐가 알밤을 깐다고 잘잘잘	알밤을 잡고 앞니로 갉아먹듯이 한 후에 손뼉3
여섯 하면 여학생이 공부를 한다고 잘잘잘	책을 펴고 필기 하듯이 한 후에 손뼉3
일곱 하면 일어나서 오줌을 싼다고 잘잘잘	기지개 펴고 화장실 가는 것처럼 한 후에 손뼉3
여덟 하면 엿장수가 호박엿을 판다고 잘잘잘	양손을 V한 후 엿가위 질 하듯이 한 후에 손뼉3
아홉 하면 아가씨가 맞선을 본다고 잘잘잘	양 팔을 꼬아서 부끄러운 척을 하다가 손뼉3
열하면 열 받아서 뚜껑이 열린다고 잘잘잘	머리 위 뚜껑을 귀엽게 연후에 손뼉3

4) 박수 손유희

(1) 디스코 박수(421같이 박수)

4	오른 검지 펴서 오른쪽 위 4번 찌르기 손뼉4 / 왼 검지 펴서 왼쪽 위 4번 찌르기 손뼉4
	오른 검지 펴서 오른쪽 아래 4번 찌르기 손뼉4 / 왼 검지 펴서 왼쪽 아래 4번 찌르기 손뼉4
2	오른 검지 펴서 오른쪽 위 2번 찌르기 손뼉2 / 왼 검지 펴서 왼쪽 위 2번 찌르기 손뼉2
	오른 검지 펴서 오른쪽 아래 2번 찌르기 손뼉2 / 왼 검지 펴서 왼쪽 아래 4번 찌르기 손뼉2
1	오른 검지 펴서 오른쪽 위 1번 찌르기 손뼉1 / 왼 검지 펴서 왼쪽 위 1번 찌르기 손뼉1
	오른 검지 펴서 오른쪽 아래 1번 찌르기 손뼉1 / 왼 검지 펴서 왼쪽 아래 1번 찌르기 손뼉1
같이	오른 위1/왼 위1/오른 아래1/왼 아래1 / 손뼉4

- 찌르기를 할 때에는 숫자를 세면서 한다. 손과 입이 맞아야 한다. 동작이 빨라질수록 실수를 많이 해 재미있는 상황이 연출된다.
  (예) 하나, 둘, 셋, 넷 짝짝짝짝 하나, 둘 짝짝.....
- 빠르고 신나는 음악을 틀고 박자에 맞춰서 해본다.

(2) 묵찌빠 박수 - 불량배

노랫말	노랫말
묵찌빠 묵찌빠 묵은 불량배	묵찌빠 두 번 한 후에 주먹을 쥐고 "콱"
묵찌빠 묵찌빠 찌는 불량배	묵찌빠 두 번 한 후에 브이 찌를 만들어 "콱"
묵찌빠 묵찌빠 빠도 불량배	묵찌빠 두 번 한 후에 손바닥을 펴고 "콱"

- 옛이야기를 회상하며 이야기를 나눈다.
- 과거 학창시절에는 골목마다 불량배들이 약한 사람을 괴롭혔다. 그런 상황들을 손유희로 재미있게 풀어낸다.
- 과하지 않게 적당히 귀여운 불량배 흉내를 내본다.

(3) 벌리고 오므리고 박수 (21같이 박수)

노랫말	손 유 희
벌리고 벌리고 짝짝	(●다리를 크게 벌리고 빠르게 모은 후 다시 벌린다) 손뼉2
오므리고 오므리고 짝짝	(■수줍게 다리를 모으고) 손뼉2
벌리고 짝 오므리고 짝	다리를 빠르게 벌리고 손뼉1 빠르게 모으고 손뼉1
벌리고 오므리고 짝짝	다리를 벌렸다 모으고 손뼉4

- 벌릴 수 있는 것은 모두 벌려 본다.
  (예) 입을 벌리고 오므리고, 두 팔을 벌리고 오므리고, 똥꼬를 벌리고 오므리고, 얼굴에 웃음꽃 잎 을 벌리고 오므리고 등

(4) 뽀빠이 박수

노랫말	손 유 희
무릎X2 박수X2 윙크하고 윙크하고	엄지 검지를 붙이면서 윙크를 두 번 한다.
무릎X2 박수X2 찌르고 찌르고	검지 손가락을 펴서 옆구리 찌르듯이 귀엽게 두 번 찌름
무릎X2 박수X2 팔짱끼고 팔짱끼고	오른쪽 팔짱 왼쪽 팔짱 끼고
무릎X2 박수X2 뽀 빠이 뽀 빠이	오른손 뽀뽀 후 바이바이, 왼손 뽀뽀 후 바이바이

- 스토리텔링형 손유희로 마음에 드는 사람을 꿰어낸 후에 뽀뽀하는 순간 바이바이 한다는 내용이다.
- 해당 활동을 할 때는 목소리를 내어야 하고 윙크를 할 때는 '윙크하고 윙크하고'를 외쳐준다. 팔짱 을 낄 때도 마찬가지이다.
- 손유희가 어느 정도 익숙해지고 난 후에 4박자 노래에 맞춰서 해도 좋다.
- (추천 노래) 내 나이가 어때서, 학교종 등

(5) 서울 대전 대구 부산 제주 박수 (421같이 박수)

노랫말	손 유 희
서울4 손뼉4/대전4 손뼉4/대구4 손뼉4/부산4 손뼉4/제주4 손뼉4	해당하는 부위를 횟수에 맞게 두드리고 난 후에 박수친다.
서울2 손뼉2/대전2 손뼉2/대구2 손뼉2/부산2 손뼉2/제주2 손뼉2	
서울1 손뼉1/대전1 손뼉1/대구1 손뼉1/부산1 손뼉1/제주1 손뼉1	
서울 대전 대구 부산 제주 손뼉4	

- 국내 : 서울 (머리), 대전 (어깨), 대구 (배), 부산 (무릎), 제주 (발)
- 국제 : 미국 (머리), 영국 (어깨), 중국 (배), 한국 (무릎), 일본 (발)

(6) 아빠 짝! 엄마 짝! 친구 짝!

노랫말	노랫말
아빠 짝 아빠 짝 아빠아빠 짝짝	오른손 옆으로1 손뼉1/왼손 옆으로 손뼉1/오른쪽1 왼쪽1 손뼉2
엄마 짝 엄마 짝 엄마엄마 짝짝	오른손 앞으로1 손뼉1/왼손 앞으로 손뼉1/오른쪽1 왼쪽1 손뼉2
친구 짝 친구 짝 친구친구 짝짝	오른손 위로1 손뼉1/왼손 위로 손뼉1/오른쪽1 왼쪽1 손뼉2

- 아빠는 엄지손가락을 펴고 옆으로
- 엄마는 검지손가락을 펴고 앞으로
- 친구는 새끼손가락을 펴고 위로 올린다.
- 순서대로 틀리지 않고 빠르게 해본다.
- 앞 옆 위를 충분히 인지한 후에 강사는 문제를 낸다. '아빠' 라고 하면 아빠 손 유희를 틀리지 않고 해야 한다.

(7) 잠버릇 박수 (21같이 박수)

2	드르렁 드르렁 짝짝 / 뽀드득 뽀드득 짝짝 / 푸~우 푸~우 짝짝 / 뽀~옹 뽀~옹 짝짝
1	드르렁 짝 / 뽀드득 짝 / 푸~우 짝 / 뽀~옹 짝
같이	드르렁 / 뽀드득 / 푸~우 / 뽀~옹 / 짝짝짝짝

- 우리는 자면서 어떤 소리를 낼까요?
- 드르렁(코 고는 소리), 뽀드득(이 가는 소리), 푸~우(바람 빠지는 소리), 뽀~옹 (자다가 끼는 방귀소리)

(8) 탁배기 막걸리 박수

노랫말	손 유 희
탁배기 탁배기 짝짝	(●새끼손가락으로 막걸리 잔 안을 휘젓듯이 돌리고) 손뼉2
막걸리 막걸리 짝짝	(■막걸리 잔을 잡고 시원하게 마시듯이) 손뼉2
탁배기 짝 막걸리 짝	탁배기(●) 손뼉1 막걸리(■) 손뼉1
탁배기 막걸리 짝짝	탁배기(●) 막걸리(■) 손뼉2

- "탁배기 박수 준비!"라고 말하면 "주모" 하고 외친다.
- 손유희를 하고 난 후에 "시원하다"고 외친다.

(9) 사랑해 좋아해 박수 (21같이 박수)

노랫말	손 유 희
사랑해 사랑해 짝짝	손가락 하트를 주고, 손가락 하트를 주고 짝짝
좋아해 좋아해 짝짝	어깨를 흔들고, 어깨를 흔들고 짝짝
사랑해 짝 좋아해 짝	손가락 하트를 주고 짝, 어깨를 흔들고 짝
사랑해 좋아해 짝짝	손가락 하트를 주고, 어깨를 흔들고 짝짝

사랑해 사랑해 짝짝	안아 주고, 안아 주고 짝짝
좋아해 좋아해 짝짝	마주 박수치고, 마주 박수치고 짝짝
사랑해 짝 좋아해 짝	안아 주고 짝, 마주 박수치고 짝
사랑해 좋아해 짝짝	안아 주고, 마주 박수치고 짝짝

(10) 2번 4번 6번 8번 박수

노랫말	손 유 희
2번 박수	주먹박수1 / 합장박수1
4번 박수	오른손으로 왼 팔꿈치 치기1 / 왼손으로 오 팔꿈치 치기1 / 주먹박수1 / 합장박수1
6번 박수	오른손으로 왼 어깨치기1 / 왼손으로 오 어깨치기1 오른손으로 왼 팔꿈치 치기1 / 왼손으로 오 팔꿈치 치기1 / 주먹박수1 / 합장박수1
8번 박수	양 무릎1 / 합장박수1 / 오른손으로 왼 어깨치기1 / 왼손으로 오 어깨치기1 오른손으로 왼 팔꿈치 치기1 / 왼손으로 오 팔꿈치 치기1 / 주먹박수1 / 합장박수1

(11) 거꾸로 2번 4번 6번 8번 박수

노랫말	손 유 희
2번 박수	주먹박수1 / 합장박수1
4번 박수	주먹박수1 / 합장박수1 / 오른손으로 왼 팔꿈치 치기1 / 왼손으로 오 팔꿈치 치기1
6번 박수	주먹박수1 / 합장박수1 / 오른손으로 왼 팔꿈치 치기1 / 왼손으로 오 팔꿈치 치기1 오른손으로 왼 어깨치기1 / 왼손으로 오 어깨치기1
8번 박수	주먹박수1 / 합장박수1 / 오른손으로 왼 팔꿈치 치기1 / 왼손으로 오 팔꿈치 치기1 오른손으로 왼 어깨치기1 / 왼손으로 오 어깨치기1 / 주먹박수1 / 합장박수1

5) 추천 손유희

(1) 기쁠 때는 기쁠 때는

노랫말	노랫말
기쁠 때는 기쁠 때는 하! 하! 하! 하!	손을 펴고 입 옆에 대고 크게 하! 하! 하! 하! 외친다.
슬플 때는 슬플 때는 엉! 엉! 엉! 엉!	주먹을 쥐고 씩씩하게 엉! 엉! 엉! 엉! 운다.
화날 때는 화날 때는 야! 야! 야! 야!	검지를 펴서 하늘을 찌르며 야! 야! 야! 야! 외친다.
삐질 때는 삐질 때는 흥! 흥! 흥! 흥!	팔짱을 끼고 흥! 흥! 흥! 흥! 외친다.

- 노래를 부를 때는 가볍게 박수를 치거나 날갯짓을 한다.

2) 똥구멍 웃음

노랫말	노랫말
엿장수 똥구멍은 찐득찐득	손바닥을 붙였다 찐득찐득한 느낌으로 천천히 땐다.
참기름장수 똥구멍은 미끌미끌	손바닥을 펴서 위에서 아래로 미끄러지듯이 내려온다.
두부장수 똥구멍은 몽글몽글	엄지와 검지로 동그라미를 만들어 돌린다.
내 똥구멍은 벌렁벌렁	다리를 벌리고 오므린다.
박수를 치고 온 몸을 움직이며 크게 웃는다. 하하하하하하하하하하하	

노랫말	노랫말
소금장수 똥구멍은 짭짤짭짤	짠 것을 먹은 표정으로 손가락을 집는다.
옹기장수 똥구멍은 맨질맨질	두 손바닥을 마주대고 문지른다.
떡장수 똥구멍은 쫄깃쫄깃	주먹을 꽉 쥐었다 편다.
내 짝지 똥구멍은 뽕뽀로 뽕뽕뽕	신나게 어깨춤을 추며
박수를 치고 온 몸을 움직이며 크게 웃는다. 하하하하하하하하하하하	

- 대상자들의 표현을 적극적으로 끌어낸다.

(3) 숟갈랄라 젓갈랄라 (혀 스트레칭)

노랫말	손 유 희
목장 길 따라 밤길 걸으며	양손 끝을 모아 산을 만들고 손을 세워 오솔길을 걷고
고운님 함께 집에 오는데 (X2)	양손 앞으로 펴고 가슴에 두 손을 모으고 손끝을 모아 집을 만든다.
숟갈랄라 젓갈랄라 숟갈랄라 젓갈랄라 / 숟갈랄라 젓갈랄라 숟갈랄라 젓갈랄라	
숟갈랄라 젓갈랄라 숟갈랄라 젓갈랄라 / 숟갈랄라 젓갈랄라 숟갈랄랄라!	

(4) 일과 하나는

노랫말	노랫말
일과 하나는 산이 되고요 산산산	오(검지) 왼(검지) 펴서 산을 만든다.
이와 둘은 참새가 되고요 짹짹짹	오(검지, 중지) 왼(검지, 중지) 펴서 새부리를 만든다.
삼과 셋은 안경이 되고요 뿡뿡뿡	오, 왼(동그라미) 만들어 안경을 만든다.
사와 넷은 문어발이 되고요 쪽쪽쪽	양손가락 4개씩 겹쳐 문어발을 만든다.
오와 다섯은 박수가 되고요 337박수	양손을 펴서 337 박수를 친다.

(5) 오와 하나는

노랫말	노랫말
오와 하나는 글씨를 쓰고요	왼손은 펴고 오(검지)를 펴서 손바닥에 글을 쓴다.
오와 둘은 가위질을 하고요	왼손은 펴고 오(검지 중지) 펴서 가위질을 한다.
오와 셋은 음식을 먹고요	왼손은 펴고 오(검지 중지 약지) 펴서 음식을 먹는다.
오와 넷은 화장을 하고요	왼손은 펴고 오(검지 중지 약지 소지) 펴서 화장을 한다.
오와 다섯은 박수를 치면서 신나게 웃어봅시다 하하하하하하하	

(6) 인간 사물놀이

악기	소리	손유희
장구	덩덩덩 쿵덕쿵덕	주먹을 마주보고 3번 치고 아래위로 주먹 박수 2번 친다.
꽹과리	땅도 땅도 내 땅이다.	손바닥을 펴 꽹과리 치듯 손뼉을 4번치고 팔랑팔랑 흔든다.
북	북북북 북북북	양손바닥으로 배를 친다.
징	아! 징~~~~	크게 박수를 치고 볼 살을 흔든다.

(7) 친구야 나는 너를 사랑해

노랫말	손유희
친구야 나는 너를 사랑해	두 팔을 앞으로 펴고1 가슴에 포개고1 너를 1 머리 위 하트1
친구야 나는 너를 사랑해	두 팔을 앞으로 펴고1 가슴에 포개고1 너를 1 머리 위 하트1
사랑해 사랑해 사랑해 사랑해	손가락 하트1/중간하트1/머리 위 하트/그대로 흔들어주기
나는 너를 사랑해	가슴에 포개고1 너를 1 머리 위 하트1

(8) 통 시리즈_ 목욕통, 도라무통

노랫말	손유희
깨끗하게 목욕통	두 팔을 앞으로 펴고1 가슴에 포개고1 너를 1 머리 위 하트1
대문 안에 절구통	두 팔을 앞으로 펴고1 가슴에 포개고1 너를 1 머리 위 하트1
대문 밖에 쓰레기통	손가락 하트1/중간하트1/머리 위 하트/그대로 흔들어주기
먹다 남은 수박 통	수박을 먹는 것처럼 하다가 손을 머리위로 올려 원을 만든다.

밥 먹을 때 수저통	밥을 퍼 먹듯이
빨래가득 빨래 통	팔을 앞으로 둥글게 말아 바구니를 들고 가듯이
내 볼떼기 오동통	주먹을 쥐고 양 볼을 두드리며
내 몸매는 도라무통	내 몸을 둥글게 표현한다.

(9) 통통통통 - 여덟 영감님 (어르신용)

노랫말	노랫말
통통통통 털보영감님	턱을 쓰다듬으며 아래로 쓸어내린다.
톡톡톡통 코주부영감님	코 위에 두 주먹을 올려놓는다.
통통통통 혹부리영감님	왼쪽 볼에 두 주먹을 올려놓는다.
통통통통 안경영감님	양 손으로 동그라미를 만들어 눈 위에 올려놓는다.
통통통통 손을 위로 팔랑팔랑 팔랑팔랑 손을 배꼽에 "안녕하세요"	

통통통통 근육영감님	이두박근을 뽐낸다.
통통통통 부자영감님	양 손으로 동그라미를 만들어 눈앞에서 돌린다.
통통통통 잘생긴 영감님	엄지 검지를 펴서 턱 아래 붙이며 잘난체한다.
통통통통 섹시한 영감님	섹시미를 뽐낸다.
통통통통 손을 위로 팔랑팔랑 팔랑팔랑 손을 앞으로 "내 아를 낳아도"	

(10) 화장박수 / 성형박수 (21같이 박수)

노랫말	노랫말
빗고 빗고 짝짝 / 바르고 바르고 짝짝	빗고 : 머리 쓸어내리고 바르고 : 얼굴에 로션을 펴 바르듯이 그리고 : 눈썹을 그리고 칠하고 : 입술을 칠한다.
그리고 그리고 짝짝 / 칠하고 칠하고 짝짝	
빗고 짝 / 바르고 짝 / 그리고 짝 / 칠하고 짝	
빗고 바르고 그리고 칠하고 짝짝짝짝	

노랫말	노랫말
눈 고치고 눈 고치고 하하 / 코 세우고 코 세우고 하하	눈 고치고 : 손가락으로 속눈썹 올리듯이 코 세우고 : 콧대 높은 척 하며 입 고치고 : 입술에 손가락을 갔다 대며 파마하고 : 머리를 꼬며
입 고치고 입 고치고 하하 / 파마하고 파마하고 하하	
눈 고치고 하 / 코 세우고 하 / 입고치고 하 / 파마하고 하	
눈 고치고 코 세우고 입고치고 파마하고 하하하하	
어머! 누구세요! 너~~무 예쁘다~~ 하하하하하하하하하하하하하하	

참고 문헌

- 한국민족문화대백관 사전
- 놀이지도 [양서원]
- 표준국어대사전
- 백상진(2021), 영유아 발달에서 놀이와 기독교 교육과의 상관관계 연구, 영남신학대학교, 박사
- 송효주(2009), 노인특성을 고려한 노인요양시설 치유환경평가에 관한연구, 중앙대학교, 석사
- 김경림(2019), 노인교육 참여가 자기효능감에 미치는 영향 연구, 광운대학교, 박사
- 송은지(2019), 노인의 신체활동으로 인한 신체적 자기개념이 주관적 건강상태, 자기효능감, 우울감에 미치 는 영향, 석사
- 최복현(213), 노인교육 전담기관의 프로그램 운영 실태에 관한 연구, 학국교원대학교, 석사
- 이효원(2016), 초고령화 사회에 노인의 삶의 질 향상을 위한 노인교육방안 모색, 동아대학교, 석사
- 한유진(2015), 놀이치료사의 부모상담 역량강화를 위한 프로그램 개발 및 효과, 명지대학교, 박사
- 서인숙(2021), 근거이론 기반 놀이치료자의 초기 놀이평가 경험 연구, 숙명여자대학교, 박사
- 김현주(2015), 근거이론에 의한 놀이치료 종결과정 연구, 숙명여자대학교, 박사
- 이가현(2018), 놀이치료 중기단계에서 어머니의 양육스트레스와 소진과의 관계: 자아탄력성과 부부친밀감 의 매개효과, 서울여자대학교, 석사

- 고지희(2003), 놀이치료 이론의 고찰, 인문사회과학연구 Vol.12
- 황세영(2021), 놀이치료자가 지각하는 치료적 관계에 공감능력, 대인관계 성향, 놀이성이 미치는 영향, 명지대학교, 석사
- 송명혜(1997), 놀이치료 이론과 놀이치료 요인분석 연구, 특수교육연구 Vol.20
- 박종실(2020), 놀이치료 초기과정에서의 유아의 놀이구조화에 대한 근거이론 연구, 충북대학교, 박사
- 류승민(2020), 근거이론에 따른 놀이치료자의 소진과 회복 과정 연구, 숙명여자대학교, 박사
- 정신섭(2014), 노인의 특성이 우울감에 미치는 영향, 호서대학교, 박사
- 박효정(2010), 놀이이론의 교육적 함의-D.Elkind를 중심으로, 경북대학교, 석사
- 서현숙(2007), 놀이 개념의 분석과 교육적 가치, 계명대학교, 박사
- 김덕영(2017), 피아제의 놀이 이론의 교육학적 해석, 울산대학교, 석사
- 윤지영(2014), 로제 카이와의 이론을 통해 본 현대 패션디자인의 놀이 유형분류 및 특성에 관한 연구, 이화여자대학교, 박사
- 최석란(1997), 아동의 발달과 극놀이: 비고츠키 이론을 중심으로, 학생생활연구 Vol.9
- 구가령(2009), 놀이 공간으로써 유아교실에 대한 교사의 인식과 실천 연구, 부산대학교, 석사
- 김기분(2020), 극단 여행자 <한여름 밤의 꿈>의 놀이성 연구-로제 카이와의 놀이이론을 중심으로, 중앙대학교, 석사
- 김지성(2021), 놀이 중심 교육과정 운영에서 교사들이 마주하는 어려움

과 배움, 한국교원대학교, 석사
- 권미진(2019), 대한민국 대표 재산증식형 보드게임 '부루마블' 리브랜딩 디자인 제안: 로제 카이와 놀이이 론을 중심으로, 이화여자대학교, 석사
- 김형익(2012). 노인의 경제·사회적 특성에 따른 노인 연령기준에 대한 연구, 호서대학교, 석사
- 박숙완(2013). 노인범죄 원인분석 및 대책에 관한 연구, 경상대학교 대학원, 박사
- 하문숙(2015). 경로당 활용 노인의 지역사회 봉사에 관한 연구, 중앙대학교 행정대학원, 석사
- 한정란(1993). 노인교육 교과과정 개발 실천연구, 연세대학교, 박사
- 신혜원(2009). 노인놀이치료의 통합적 콘텐츠 개발에 관한 연구, 고려대학교 대학원, 박사
- 조미영(2018). 놀이치료자의 수련경험에 대한 현상학적 연구, 숙명여자대학교 대학원, 박사
- 서현숙(2008). 놀이 개념의 분석과 교육적 가치, 계명대학교 대학원, 박사
- 김수미(2018). 노인여성의 한국무용놀이문화에 대한 놀이인식과 미적 접근과의 관계, 경남대학교 대학원, 박사
- 김종서(1987). 잠재적 교육과정의 이론과 실제, 교육과학사
- 최미숙(2008). 노인교육기관의 평생교육 프로그램 개발 과정연구, 숭실대학교 교육대학원, 석사
- 김길자(2003). 평생교육 관점에서의 노인교육 프로그램 연구, 성신여자대학교 대학원, 박사

MEMO

MEMO

MEMO

MEMO